KB154692

세 상에 대하여
우리가
더잘 알아야 할
교양

76

지은이 소개

지은이 필립 스틸 Philip Steele
저자 필립 스틸은 1948년 영국 서레이주의 도킹에서 태어났습니다. 1971년에 더럼의 펠스테드 스쿨을 거쳐 유니버시티 칼리지에서 현대 언어학을 전공했습니다. 그는 1970년대에 호더와 햄린을 포함한 런던의 다양한 출판사에서 편집자로 일했습니다. 현재 노스 웨일즈의 앵글시 섬에서 살며 역사, 주니어 전기, 민족 및 문화 분야에 걸친 광범위한 주제에 대해 글을 쓰며 지냅니다. 최근에는 특히 노스 웨일즈의 역사와 풍경을 다루는 도서 집필에 주력하고 있으며, 그의 책 대부분은 다양한 언어로 전 세계에 출판되었습니다.

옮긴이 윤영
서울대학교 미학과를 졸업하고 같은 대학원에서 고고미술사학을 공부했습니다. 지금은 번역 에이전시 엔터스코리아에서 출판 기획자 및 전문 번역가로 활동하고 있습니다. 옮긴 책으로는 《자동차 그림백과》《나만의 달》《키키의 세계 여행》《아기 너구리의 길 찾기》《내 친구 페파피그 1~10》《DISNEY PIXAR 카2 무비스토리북》《쿵푸팬더 3 무비스토리북》《토이 스토리 3: 장난감 탈출 대작전》《윌리 삼촌의 낡은 갈색 신발》《오늘부터 국수 금지!》《누가 뭐래도 해피엔딩》《좀비 아이 1~2》《살아남은 자들 1~6》 등이 있습니다.

감수자 윤병선
건국대학교 글로컬(충주)캠퍼스 교수(경제학)로 재직 중입니다. 세계 농식품 체계에 대한 문제의식을 바탕으로 대안 농식품 운동에 관심이 있습니다. 저서 《농업과 먹거리의 정치경제학》과 《새로운 농촌사회학》(공저) 등과 역서 《이윤에 굶주린 자들》(공역), 《먹거리와 농업의 사회학》(공역) 등을 냈으며, 〈초국적 농식품복합체의 농업 지배〉, 〈대안농업운동의 전개과정에 대한 연구〉, 〈Who's Threatening Our Dinner Table?〉 등의 논문이 있습니다.

세 상에 대하여 우리가 더 잘 알아야 할 교양

필립 스틸 지음 | 윤영 옮김 | 윤병선 감수

76

식량 안보

국가가 다 해결할 수 있을까?

내 인생의 책

차례

※ 본문의 **굵은 글씨**로 표시된 단어는 110페이지 용어 설명에서 찾아보세요.

감수자의 글

우리는 먹거리가 풍부한 세상에 살고 있습니다. TV에선 먹방과 쿡방이 일상적으로 방송되고 있지요. 그런데 방송에서는 음식의 요리 과정과 완성된 요리를 보여줄 뿐, 식자재가 주방에 올 때까지의 과정에 대해서는 그다지 관심을 보이지 않습니다. 밖에서 장을 보거나 외식을 할 때도 우리가 알 수 있는 건 원산지 정보뿐입니다. 한편에서는 설탕 투하로 맛을 사로잡는 비법(?)을 소개하기도 하지만, 다른 한편에서는 설탕의 과다 섭취에 대한 경고가 나오기도 합니다. 먹거리에 대한 정보의 홍수 속에서 여전히 소비자는 어떤 것이 진실인지 혼란스러운 때가 많습니다.

먹거리와 관련한 이중적인 상황은 이것만이 아닙니다. 거대 기업이 효율성을 바탕으로 먹거리의 안정적인 확보를 가능하게 할 것이라고 주장하지만, 더 많은 **이윤**을 목적으로 활동하는 기업의 속성상 먹거리 불안을 더욱더 심화할 거라는 반론도 힘을 얻고 있습니다. 유전자변형(GM) 기술이 농업을 보다 지속 가능하게 하고 건강한 먹거리의 확보를 훨씬 쉽게 할 것이라는 주장에 대한 반론도 마찬가지입니다. 유전자변형 기술의 장점은 기업들의 선

전 문구에 불과할 뿐, 이로 인해 오히려 먹거리 위험이 증가하고 그동안 건강한 먹거리를 생산해 온 농민의 생존권마저 위협할 것이라는 주장이 팽팽하게 맞섭니다.

이 책은 먹거리를 둘러싼 쟁점들을 일목요연하게 보여주고 있습니다. 저자 필립 스틸은 다양한 자료를 활용해 논점을 정리함으로써, 독자가 먹거리 문제에 관해 균형 잡힌 시각을 가질 수 있도록 이 책을 구성하였습니다. 이 책을 계기로 독자 여러분이 우리의 식량 안보에 대해 더욱더 많은 관심을 두고, 나아가 지역민과 농민의 연대를 통해 먹거리 문제를 해결하기 위한 고민이 깊어지기를 바랍니다.

건국대학교 글로컬캠퍼스 경제통상학전공 교수 **윤병선**

들어가며

식량 안보에 관해 이야기할 시간입니다

얼핏 보면 이 세상에는 식량이 충분해 보입니다. 매일매일 세계 곳곳의 수많은 지역에서 엄청나게 많은 식품이 생산되고 있습니다. 그러나 최근 세계 각국에서 일어난 분쟁의 상당수는 식량 때문이었습니다.

▌ 말레이시아의 시장 풍경

이집트에서는 2011년 식량 부족으로 폭동이 일어났고, 2018년 예멘에서는 1,590만 명이 식량 부족을 겪었습니다. 다음 그래프를 보면 2014년 수치와 견주어 볼 때 2017년의 전 세계 식량 불안정성이 더욱 커졌음을 알 수 있습니다.

대륙별 식량 불안정성 추이

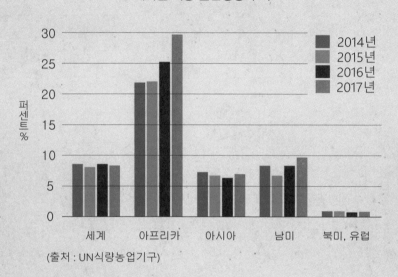

(출처 : UN식량농업기구)

2017년 세계 인구 중 약 7억 7,000만 명이 심각한 식량 부족 상태에 처해 있었습니다. 특히 아프리카와 남미에서 그 비율이 눈에 띄게 증가했죠. 전 세계 인구의 약 11%에 달하는 사람들이 영양실조에 시달리고 있지만 부유한 국가에서는 먹을 게 풍족하다 못해 **비만** 인구가 급증하고 있습니다. 21 세기에 이르러서도 결핵, **말라리아,** 에이즈 같은 치명적인 질병 때문에 죽는 사람보다 기아로 사망하는 사람이 더 많다는 것은 부끄러운 사실입니다. 2016~2017년 발생한 동아프리카의 기근 때문에 식량 원조를 받은 케냐에서는 아직도 많은 사람이 식량 배급을 받기 위해 온종일 줄을 서야 합니다. 반면 뉴욕에 있는 이탈리아 식료품 가게 선반에 진열된 식품들은 유통기한이 지나자마자 그냥 폐기되고 있지요. 세계에서 생산되는 전체 식량의 1/3가량은 소비되지 못하고 쓰레기장에 버려져 썩고 있습니다.

불균등한 식량 공급 문제가 심각해짐에 따라 모두를 배불리 먹일 수 있는 식량 생산 방법에 많은 관심이 쏟아졌습니다. 이른바 **집약 농업** 방식이라 불리는 방법은 거대한 농장에서 농작물을 기르고 동물을 사육하는 기업형 농장의 형태를 띠고 있습니다. 하지만 더 빠르고 더 많이 생산하는 과정에서 **동물 복지**에 관한 우려가 생겨났고, 이에 따라 '채식주의'와 같은 **윤리적** 식문화 습관이 정착되기도 했습니다.

불안정한 식량 공급 문제를 해결하는 방법뿐만 아니라 그 원인에도 사람들의 관심이 옮겨가기 시작했습니다. 식량 가격을 좌지우지하는 초국적 기업의 존재를 의식하게 된 것이지요. **식량 빈곤** 문제는 **기후변화**와도 관련이 있습니다. 오늘날 대부분의 과학자는 이산화탄소(CO_2), 메탄(CH_4)과 같은 **온실가스** 때문에 태양에너지가 지구 대기에 갇혀 빠져나가지 못한다는 설명에 동의하고 있습니다. 그로 인해 지구의 온도는 점점 올라가게 되고, 해마다 안정적으로 농사를 짓게 하기 어렵게 만들고 있습니다.

식량 문제를 논할 때는 좀 더 넓은 시각으로 보아야 합니다. 단순히 누가 부유한가, 누가 가난한가를 따지는 것만으로는 문제의 원인도, 해법도 찾을 수 없습니다. 새로운 변화를 끌어내고 싶다면 농업 기법, 국제 경제, 공정 무역, 지구온난화, 식량이 유통되고 팔리는 과정에 이르기까지 다양한 분야를 자세히 검토해 보아야 합니다. 앞으로 각 장에서는 식량 문제에 관한 여러

주제들을 살펴보고 관련 이슈에 대해 분석해 볼 것입니다. 그중에는 꼭 한 번 고민해 봐야 하는 중요한 질문들도 들어 있습니다. 그럼 시작해 볼까요?

1장 식량이 자본과 만났을 때

농장의

모습은 각양각색입니다. 숲을 벌목해 농사를 짓기도 하고 일부러 불을 질러 임시로 농지를 개간해 쓰기도 합니다. 전 세계 약 5억 명의 인구가 이렇게 작은 규모의 농사를 짓고 있습니다. 이러한 **자급용 농업**은 한 가족이나 작은 공동체가 소비할 양만큼만 생산하기 때문에 농사가 잘되어 남는 양이 있으면 현지 시장에 팔거나 다른 상품과 교환합니다. 아프리카, 아시아, 라틴 아메리카의 외딴 시골 지역에서는 이런 방식으로 식량을 생산하고 소비합니다.

특히 아프리카에서 최근 이와 같은 농장의 숫자가 꾸준히 늘고 있습니다. 동아프리카 케냐에서는 약 70%의 케냐인이 농장에서 풀타임 혹은 파트타임 일자리에 종사합니다. 75%의 농축산물이 소규모 농장이나 목장에서 생산되는데 이는 케냐의 국내 총생산(GDP) 중 30%에 달하는 양입니다. 개인 단위의 농장은 가족이나 소규모 공동체의 먹거리를 책임질 정도면 족합니다. 특별한 재배 시설이 필요하지 않고, 인위적으로 **비료**나 농약을 뿌릴 필요가 거의 없습니다.

▶ 2014년 아프리카의
자급용 소규모 농장 개수
1,200개

반면에 **스텝** 지대나 드넓은 평야 지역에서는 대규모로 농작물을 경작하는 기업형 농장들이 많습니다. 이들의 목적은 '식량 생산'이라기 보다는 '상품 판매'에 더 가깝습니다. 이렇게 판매하기 위해 재배하는 작물을 '**환금작물**'이라고 합니다. 이들 기업형 농장에서 재배하는 환금 작물은 기름야자 나무, 커피, 바나나, 파인애플처럼 단일 품종인 경우가 많습니다. 문제는 식량

▶ 2019년 아프리카의
자급용 소규모 농장 개수
3,132개

튀니지 30

모로코 68

이집트 36

모리타니아 46

말리 19

세네갈 60

기니비사우 49

부르키나파소 174

나이지리아

가나 100

베냉 91

나이지리아 95

에티오피아 162

소말리아 106

시에라리온 97

115 46

토고

카메룬 19

우간다 324

케냐 423

상투메프린시페 20

가봉 8

콩고 민주공화국 143

르완다 200

147

탄자니아

앙골라 49

잠비아 18

말라위 127

모잠비크

모리셔스 127

3

나미비아 10

짐바브웨 11

보츠와나 3

마다가스카르

155

레소토 4

남아프리카공화국

생산에 자본의 논리가 개입될 때 발생합니다. 기업형 농장들은 생산량의 증대를 위해 농지를 확장하고 기계를 사용합니다. 지력을 끌어올리기 위해 인위적으로 화학비료를 살포하기도 합니다. 이윤을 높이기 위해 단위 가격이 비싼 작물 위주로 선택적인 재배가 이루어지고, 경제성이 떨어지는 작물들은 점점 제외됩니다. **생물의 다양성**을 감소시키는 이 인위적 과정의 끝은 생태계의 붕괴입니다. 자본의 논리를 식량 생산에 적용하는 것이 과연 바람직한지 돌아봐야 할 때입니다. 국제적 환금작물의 상당수는 주로 개발도상국에서 재배되고, 주요 국가와 다국적기업에서 가공·유통·판매하는 구조이기 때문에 정치적인 시비가 끊이지 않습니다. 곡물의 경우 거대 자본을 가지고 있는 소수의 다국적기업이 가격을 조절할 수 있기 때문입니다. 생명의 다양성과 생태계 보전이라는 관점에서 식량 문제를 바라보면 공장식 대규모 농장 운영 체제를 활용하는 다국적 식량 기업의 문제점이 명확히 드러납니다. 그럼 좀 더 자세히 살펴볼까요?

바나나 제국

바나나는 쌀, 밀, 옥수수에 이어 세계에서 네 번째로 중요한 식량 작물입니다. 하지만 100년 전 바나나는 상업 작물로서 별다른 매력이 없었습니다. 바나나를 지금과 같은 상업 작물로 만든 1등 공신은 커피였습니다.

커피의 명산지인 코스타리카 중부 계곡 고지대에서 생산된 커피를 태평양 연안 항구도시까지 쉽게 운반하려면 밀림을 가로지르는 철도가 필요했습니다. 당시 코스타리카의 독재자 토마스 과르디아 장군은 철도 부설을 위한 자금을 마련하기 위해 철도용지 인근에 그로 미셸 바나나를 심었습니다. 이 바나나 농장은 점점 넓어져 콜롬비아의 카리브해 연안까지 확장되었습니다.

이후 바나나 재배 및 판매로 마련한 자금과 철도 부설 업무는 뉴욕 출신의 청년 사업가 마이너 키스에게 넘겨졌습니다. 마이너 키스는 바나나 시장에서 독점적 지위를 유지하기 위해 경쟁사였던 보스턴 프루트 컴퍼니와 합병했습니다. 그렇게 탄생한 유나이티드 프루트는 세계 바나나 시장의 75%를

돌(Dole)

하와이 공화국 초대 대통령 샌퍼드 돌의 사촌 동생 제임스 돌은 스탠더드 프루트를 창업한 후 여러 기업의 합병을 통해 하와이 바나나 산업을 독점해 돌(Dole)을 설립했다. 돌은 2013년 일본 이토추(ITOCHU)사에 매각되었고, 현재 전 세계 바나나 공급량의 26퍼센트, 한국 바나나 유통망의 30%를 장악하고 있다.

델몬트(Del monte)

미국의 거대 식품기업 델몬트는 신생 독립국 필리핀의 플랜테이션 농업을 장악하며 성장했다. 델몬트는 현재 전 세계 바나나 점유율 15%, 한국 바나나 점유율 27%를 차지하고 있다.

치키타(Chiquita)

유나이티드 프루트의 제머리 회장이 사망한 이후, 유나이티드 프루트는 남미의 독재자들과 결탁해 사업을 확장해 나갔다. 1989년, 냉전이 종식되면서 남미의 독재정권 상당수가 몰락하게 되자 유나이티드 프루트는 기업명을 '치키타 브랜즈인터내셔널'로 바꾸고 기업 이미지를 개선하고자 노력했다. 그 결과 2005년에는 그간의 악명을 떨치고 노동자의 권리에 중점을 둔 'SA8000' 인증을 기업 최초로 얻게 되는 긍정적 결과를 낳기도 했다.

▌ 바나나 세계 3대 기업 로고

장악합니다. 이후 러시아계 유대인 출신 제머리가 유나이티드 프루트의 회장이 되면서 전 세계의 바나나 대부분은 그의 손아귀에 놓이게 되지요. 유나이티드 프루트는 병충해에 약하고 잘 부러지던 기존의 그로 미셸 품종을 캐번디시로 단일화하였습니다.

현재 시중에 유통되는 바나나는 주요 생산국과 수출국이 완전히 다릅니다. 물론 생산자와 판매자가 반드시 일치해야 할 필요는 없습니다. 대규모 플랜테이션 농장에서 생산된 식량을 전문적인 유통–판매업체가 소비자에게 공급하는 것이 생산자가 직접 판매하는 것보다 훨씬 효율적이고 생산적일 수 있습니다. 하지만 생산과 유통, 판매의 주체가 분리되고 여기에 대규모 자본이 투입되어 소수의 독점 기업이 생겨나면, 여러 가지 문제점들이 생길 수 있습니다.

씁쓸한 초콜릿

한 조각만으로도 행복을 느끼게 해주는 초콜릿을 살펴볼까요? 초콜릿도 대표적인 환금작물입니다. 초콜릿의 원료인 카카오의 전 세계 생산량 중 70%는 서아프리카의 개발도상국에서 생산됩니다. 그런데 2011년 기준으로 180만 명의 아동이 카카오 농장에서 일한 것으로 드러났습니다. 더군다나 이들 아동의 상당수는 인신매매나 노예노동의 피해자였습니다. 또한 카카오 나무는 가지치기를 잘 해줘야 많은 수확량을 얻을 수 있습니다. 그래서 1년에 두 번 수확 시기가 되면 평소 관리 인원의 3배에 달하는 노동력이 동원됩니다. 밀이나 쌀 등 **주식**이 절대적으로 부족한 아프리카 대륙에서 정글을 밀어내고 아동의 노동력을 착취하는 카카오 농장을 조성하는 게 과연 옳은 일일까요?

밀가루 = 금가루?

농부가 만들어낸 먹거리가 소비자에게 전달되기까지는 여러 가지 공정과 상거래가 필요합니다. 이 과정이 추가될 때마다 최종 가격이 높아지는 건 자연스러운 현상입니다. 다수의 유통업자와 판매자가 경쟁하면서 적절한 시장 가격을 형성하며 이윤을 남기기 때문입니다. 하지만 소수의 몇몇 사업자가 시장을 독점하게 되면 이야기는 달라집니다.

지난 2010년 식량 수요는 1.6%밖에 증가하지 않았지만, 식량 가격은 25%나 올랐습니다. 일반적으로 식량 가격이 상승하는 요인은 자연환경의 영향이 큽니다. 케냐의 경우 농장에서 재배하던 옥수수가 수확하기도 전에 시들어 죽고 말았습니다. 2016년 베트남 남서부에는 90년 만에 최악의 가뭄이 닥쳤지요. 또 다른 요인으로는 국가정책의 실패를 들 수 있습니다. 동남아시아를 흐르는 메콩강에서는 지난 1926년 이후 수위가 최저로 내려가면서 바닷물이 내륙으로 역류했습니다. 이로 인해 25만 에이커의 커피나무가 말라 죽어 커피 생산량은 30% 정도 줄었고, 쌀 수출은 10% 정도 감소했지요. 메콩강의 상류인 란창강에 중국 정부가 7개의 댐을 건설하면서 강의 수위가 급격히 내려간 것입니다.

대형 곡물 유통 기업은 위와 같이 자연적, 정치적 문제로 식량 공급이 불안해져 식량 가격이 급등하는 현상을 막기 위해서는 식량 공급을 체계화하는 것만이 최선의 방법이라고 주장합니다. 체계적으로 곡물을 유통하는 시스템이 있으면 농업과 식량 산업에 대한 투자가 활발해지고 이에 따라 곡물 가격을 안정시키는 데 필요한 재정을 확보할 수 있다는 주장이지요. 그들은 제한 없는 민간 무역과 **자유 무역**이 식량 상품의 가격 인하에 도움이 된다고 주장합니다.

하지만 소수의 대형 식량 기업이 시장을 장악하게 된다면 농작물 가격은 그들이 원하는 대로 정해질 공산이 큽니다. 시스템은 관리의 효율성에 도움이 되겠지만, 반대로 시스템을 장악한 투기 자본 권력은 체계적 시스템으로 곡물 가격을 손쉽게 쥐락펴락할 수 있습니다. 농작물 가격이 오를 때 그들이 늘어난 식량 수요와 흉작 탓이라고 둘러댄다면 때는 이미 늦습니다.

▌ 미국 4대 밀가루 유통 회사 로고

실제로 전 세계 주요 식량 수출국은 미국, 캐나다, 호주, 남미 등 몇 개의 국가에 그칩니다. 그중에 미국의 밀가루 가공·유통은 카길(Cargill), 아처대니얼스미들랜드(ADM), 콘아그라(ConAgra), 시리얼푸드프로세서(Cereal Food Processors)의 4개 업체가 세계 시장의 60%를 장악하고 있습니다. 심지어 콩은 80% 이상 독점하고 있지요. 이들은 마음만 먹으면 전 세계 사람의 식탁 위에 오르는 음식 가격을 얼마든지 좌지우지할 힘을 행사할 수 있습니다.

사라지는 꿀벌

인간의 수명은 과거와 비교해 많이 늘어났습니다. 여기에는 의료 서비스의 발전도 한몫했지만, 양질의 식량을 생산할 수 있게 한 과학적인 농업도 큰 역할을 했습니다. 농부는 농작물과 토양에 대해 더욱더 많이 연구했고, 선택적 번식을 통해 농작물과 동물 품종을 개량했습니다. 새로운 기술, 트랙터, 컴퓨터는 인간과 말의 노동력을 대체했죠. 이 모든 것이 현대의 상업 영농, 즉 **기업식 농업**의 토대를 마련했습니다. 그중에서도 **살충제**와 비료의 역할은 우리가 논의하는 식량 안보 문제와 밀접한 연관이 있습니다. 화학 살충제를 분사하면 해충과 질병으로부터 농작물을 보호하고 수확량을 높일 수 있습니다. 하지만 일부 살충제는 농작물의 **수분**에 필수적인 역할을 하는 꿀벌처럼 무해한 야생동물까지 해칩니다. 레이철 카슨은《침묵의 봄》에서 살충제 과다 사용으로 파괴되는 생태계의 문제를 지적했습니다. 꽃가루 수정의 매개자인 꿀벌이 사라진 세상에서는 봄이 되어도 더는 생명의 기운이 꽃피울 수 없을 것입니다. 수정이 되지 않으면 다음 세대는 있을 수 없고, 이는 생태계의 붕괴로 이어집니다.

특히 꿀벌이 생존을 위협받는 상황은 식량 생산의 위기로 직결됩니다. 꿀벌은 단순한 곤충이 아닙니다. 목장에서 흔히 보이는 양과 개처럼 대규모 농업을 위해 필수적인 가축만큼이나 중요한 존재입니다. 꿀벌이 사라지면 대규모 기업식 농업에서 꽃가루 수분이 불가능하기 때문입니다. 이런 상황의 발생 원인으로는 크게 두 가지를 들 수 있습니다.

첫째, 살충제의 과다 사용입니다. 과거 살충제의 피해를 고민하던 화학회사들은 니코틴과 같이 식물에 함유된 천연 살충제를 개발했습니다. 그런데

이 살충제에 지속해서 노출된 꿀벌은 뇌에 손상을 받아 벌통으로 돌아오지 못합니다. 그 때문에 유럽과 미국 등에서는 이 니코틴 살충제 사용을 법으로 금지하고 있습니다. 하지만 자기들이 쓰지 않는 이 독한 살충제를 가난한 개발도상국에 팔고 있지요. 경제 개발을 위해 환금작물을 팔아야 하는 개발도상국 입장에서는 유독한 살충제를 사용할 수밖에 없습니다. 결국 꿀벌의 수가 줄어들 뿐만 아니라 개발도상국 농부의 건강도 나빠지게 되는 것입니다.

둘째, 꿀벌이 받는 스트레스입니다. 환금작물은 수확량이 많고 비싸게 팔리는 단일 품종으로 선택됩니다. 드넓은 지역에 똑같은 농작물을 한꺼번에 심다 보니 개화 시기가 겹치게 되고, 자연의 꿀벌만으로는 꽃가루 수정을 전부 소화하기가 어려워집니다. 그래서 꿀벌을 수입하게 됩니다. 예를 들면, 전 세계 수요의 80% 이상을 공급하던 미국 캘리포니아 아몬드 농장에는 2월의 개화기에 맞춰 한꺼번에 수정하기 위해 100만 개 별통 분량의 벌이 수입되었습니다. 게다가 벌의 품종까지 농업에 유리하도록 획일화되었죠.

한국에서도 딸기와 참외의 꽃을 수정하는 토종 꿀벌이 알을 많이 낳고 꿀을 많이 채취해 오는 이탈리아 꿀벌로 모두 대체되었습니다. 이렇게 짧은 시기에 단일 품종의 벌이 과다한 규모의 농장에서 꽃가루받이하게 되면 스트레스를 받아 질병에 취약해집니다. 더구나 같은 종류의 꿀벌이 외래 곤충의 유입으로 신종바이러스에 감염되면 집단으로 폐사되기가 쉬워집니다.

꿀벌의 멸종을 방지하기 위해서는 종의 다양성을 유지하면서 대량생산이 가능한 농법을 연구해야 합니다. 여기서 종이란 꿀벌의 종뿐만 아니라 농작물의 종도 포함됩니다. 상업적인 관점에서 보면 환금작물의 대량생산을 위해 종을 단일화하는 작업이 경제적이지만, 지속가능성의 관점에서 보면 생태계의 선순환과 유전적 다양성을 장려하여 위기에 저항성을 기르는 일도 대단히 중요합니다.

문제는 과학 자체가 아니라 그것을 사용하는 방식에 있습니다. 우리가 직면한 문제를 분석하도록 도와주고, 친환경적인 해결책을 마련해 줄 방법 역시 과학입니다. 현대 과학계는 자급자족할 수 있고 지속 가능하며 자연과 잘 조화할 수 있는 농업의 방법을 찾아야 합니다.

과학적인 해결법?

역사적으로 농부는 좋은 상품을 만들어 비싸게 팔기 위해 가장 키우기 편한 특성을 가진 동식물을 선별해서 길렀습니다. 1980년대 이후부터는 이런 우생학적 방법을 뛰어넘어 아예 농작물의 DNA를 변형하는 기술이 도입되기 시작했습니다.

'바실루스 튜링기엔시스'라는 토양 박테리아가 있습니다. 과학자들은 벌레를 죽이는 독성을 가진 이 박테리아를 옥수수 DNA에 집어넣었습니다. 또 심해의 차가운 바다에서 사는 물고기의 유전자를 딸기에 이식해서 딸기가 냉해를 입지 않도록 했습니다. 이처럼 일반적인 육종과는 달리 유전자변형 식품(GMO)은 서로 다른 종의 생물의 DNA를 접합시킵니다. 유전자변형 찬성론자는 유전자변형이 안전하며 전통적인 선택적 번식과 거의 다르지 않다고 말합니다.

이러한 유전자조작 기술을 개발하고 적용할 수 있는 주체는 막대한 연구비용을 감당할 수 있는 다국적 초대형 식량 기업뿐입니다. 그들은 유전자조작(GM) 농작물이 가뭄에 잘 견디며 영양가 높은 농작물을 만들 수 있다고

말합니다. 또한 병충해에 강하게 만들 수 있고, 더 오래 살게 하여 유통기한
을 늘릴 수 있는 장점도 있다고 설명합니다. 그런데 GM 농작물에는 저들이
말하는 것처럼 좋은 점만 있는 걸까요?

1974년, 다국적 생명공학 기업 몬산토에서는 '라운드업'이라는 제초제를
개발했습니다. 이 제초제는 현재까지 세계에서 가장 많이 사용되고 있습니
다. 문제는 1996년 라운드업에 내성을 지니도록 유전자조작을 한 '라운드업
레디' 콩이 출시되면서부터 발생했습니다. 2년 뒤에는 옥수수와 목화 종자까
지 라운드업레디 품종으로 개발되었지요. 전 세계 경작 가능한 땅의 10%에
서 GM 농작물을 재배하고 있는데 미국산 옥수수와 콩의 경우 전체 생산량
의 94%가 유전자조작 농작물입니다. 즉 많은 농민이 콩이나 옥수수를 재배
하기 위한 라운드업 제초제와 라운드업 레디 품종을 세트로 사용해야 했습
니다.

알아 두기

GMO와 LMO
GMO가 유전자변형농산물이라면 LMO는 유전자변형생물체(Living Modified
Organisms)를 의미한다. LMO와 GMO는 보통 같은 의미로 혼용되지만, 특히
LMO는 '살아있음(Living)'을 강조하는 용어로서, 그 자체로 생물의 생식 및 번식
가능하여 생물 다양성에 위해를 줄 가능성이 있다는 점을 강조한 개념이다.

문제는 라운드업에 들어간 글리포세이트라는 발암 물질입니다. 몬산토의 특허권이 2000년에 끝나면서 다른 회사가 글리포세이트를 포함한 똑같은 제초제를 복제하기 시작했고, 그 결과 전 세계 농민의 건강에 막대한 위해를 가하지 않겠나 하는 논란을 낳고 있습니다.

　　GM 농작물 입장에서 보면 제초제에 강한 내성을 갖게 되어 병충해에 강해지는 것은 맞습니다. 하지만 자연의 가장 기본적이고 강력한 특성은 '진화'한다는 것입니다. 다시 말해, 병충해 입장에서 보면 시간이 흐름에 따라 살충제에 적응해 내성을 갖게 됩니다. 그렇게 되면 우리는 이전보다 더 많은 유전자변형을 거친 농작물을 심어야 하고 이전보다 더 강력한 살충제를 살포해야 합니다. 자연적인 진화과정을 거치지 않고 유전자변형을 거쳐 생물의 종이 개량되는 과정에서는 우리가 예상하지 못한 변이가 일어날 가능성이 훨씬 커집니다.

▌ 라운드업 제초제와 라운드업 레디 품종 상표

무엇보다 농작물을 대상으로 한 유전자조작 기술은, 자연적인 농작물을 심고 길렀을 때 우리가 기대할 수 있는 생물 다양성을 몇 가지의 종으로 획일화시킨다는 문제점을 가지고 있습니다. 해충에 저항력이 있는 식물은 자연적인 먹이사슬을 위협합니다.

앞서 꿀벌 문제에서 살펴보았듯이 하나의 종에 자연적인 진화에 따른 분화 과정이 보장되지 못하고 인위적인 방식으로 제한이 생기게 되면 변이가 일어난 바이러스나 해충이 등장했을 때 막대한 양의 GM 농작물이 일시에 폐사될 수 있습니다. 반대로 GM 농작물이 야생종과 교잡할 때에도 자연적인 생물의 유전자 구성에 영향을 줄 수 있습니다.

이러한 문제를 해결하기 위해 GM 농작물을 특정 지역에만 심어서, 자연의 야생 식물이나 유전자를 조작하지 않은 일반 농작물과 수분이 일어나지 않게 할 수 있다는 의견이 있습니다. 그러나 이와 같은 발상은 대륙과 해양을 넘나들며 이동하는 수많은 동물과 곤충의 존재를 간과하고 있고, 근본적으로는 인간이 자연현상을 통제할 수 있다는 오만함에 지나지 않습니다.

이러한 이유로 2014년 기준 GM 농작물은 전 세계 38개국에서 금지되고 있습니다. 그러나 다른 28개국에서는 GM 농작물들이 활발히 재배되고 있습니다. GM 농작물을 재배하는 지역은 거대 식량 기업들이 생산과 유통을 지배하고 있는 곳입니다. 이들이 새로운 변형 기술의 특허를 인정받을 때마다 전 세계 농업과 식량 공급에 대한 지배력은 점점 증가하게 됩니다.

찬성과 반대 GMO, 먹어도 될까?

GMO, 자연에 너무 흔한 현상. 유해 여부는 사용 방법에 달려
"GM 작물에만 유전자 변화가 있을 것으로 착각하지만 일부 농산물은
자연이 만든 천연의 GMO라는 사실이 밝혀졌다. 근거 없이 위험성을 주
장하는 건 바람직하지 않다."

−최낙언 식품공학전문가

《농민신문》 2016년 10월 31일 자

'인체·생태계 안전' 입증 안 돼. 알고 선택할 권리 보장받아야
"GM 옥수수를 2년간 먹은 실험쥐 중 75%가 종양이 발생했다. 기업의
경제성 때문에 국민의 알 권리 무시해선 안 된다. 친환경 농업과 자연·생
물 보호하는 정책이 필요하다."

−김영재 전국친환경농업인연합회 부회장

《농민신문》 2016년 10월 31일 자

생각해 보기

GMO 식품에 대처하는 방법에는 무엇이 있을까요?
· 유기 농산물을 구매하고 가공식품 섭취를 줄인다.
· 학교 급식에 GMO 식품이 사용되는지 감시한다.
· 장을 볼 때 GMO 표시를 확인하고, 더 많은 정보가 표기될 수 있도록
  정부에 건의한다.

한국에서도 유전자변형 식품이 상당수 유통 중입니다. 전체 169건의 승인 대상 중에서 옥수수가 87건, 콩이 29건, 목화가 29건, 카놀라가 14건, 알팔파가 5건, 감자가 4건, 사탕무가 1건입니다. 우리가 먹는 GM 식품들은 괜찮은 걸까요?

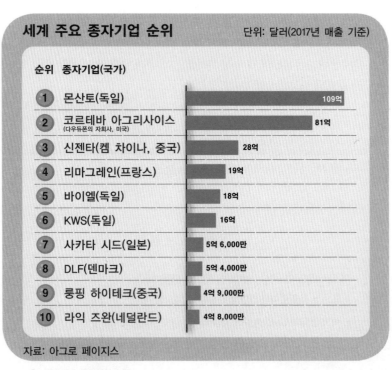

세계 주요 종자기업 순위

집중탐구 유전자 확보 전쟁

한반도는 작지만 다양한 유전자를 보유한 생태계의 보고입니다. 농촌진흥청은 지난 1975년 저온저장시설을 갖춘 종자은행을 설립해 한국 내 유전자원 보존을 위해 노력하고 있습니다. 식물 유전자원 2,773종, 19만 2,777점을 보유해 농업 유전자원 분야에서 세계 6위를 점하고 있지요. 그래서일까요? 지난 100년 동안 대한민국의 우수한 식물자원들은 우리가 모르는 사이에 조금씩 해외로 밀반출되어 왔습니다.

1914년 영국의 어니스트 윌슨은 우리나라에서 자생식물 종자를 수집해 영국으로 반출했습니다. 1920년대 도쿄대 나카이 교수는 총독부 명령으로 2개 중대 병력을 지원받아 식민지 조선의 식물 유전자원을 일본으로 유출했지요. 1930년대에는 소련의 식물학자 슈바킨바키가 한국 해안가 일대의 자생식물을 채집해 소련으로 반출했고, 미국의 베리 잉거와 식물학자들은 1984년부터 5년간 한반도의 희귀식물을 미국으로 반출했습니다. 이러한 역사를 반복하지 않기 위해 지난 2007년 대한민국 농촌진흥청은 불법 반출되었던 토종 자원 상당수를 반환받았습니다. 하지만 반출된 종자들은 이미 교배를 거쳐 각국에 신품종으로 상품화된 뒤였지요.

오늘날 몬산토, 바스프, 신젠타와 같은 글로벌 기업들은 가뭄, 침수, 냉해, 폭염 등에 잘 견디는 식물 유전자를 개발해 경쟁적으로 특허를 내고 있습니다. 그러나 대한민국은 이러한 현실에 한참 뒤처져 있는 상황입니다. '김치의 나라' 한국의 대표 고추 품종인 청양고추의 종자 권리는 미국 기업인 몬산토가 갖고 있습니다. '고려 인삼'으로 오래전부터 품질 좋은 인삼으로 유명한 우리나라지만, 현재 인삼 유전자원 보유 1위 국가도 미국입니다. 전 세계적으로 식물 유전자 보유와 종자권 확보를 위한 총성 없는 전쟁이 벌어지고 있습니다. 우리 정부도 종자권에 대한 관심을 더 가지고 우수한 식물자원을 개발해 차세대 먹거리를 확보해야 합니다.

사례탐구 도시 농업에 대해 들어본 적 있나요?

도시 농업이란 도시와 마을 내에서 식량을 재배하고 수확해 가공, 유통까지 하는 농업 활동을 말합니다. 대표적인 분야로는 축산업, **수경재배**, 임업을 겸한 농업(Agroforestry), 도시 양봉(Urban Beekeeping), 원예 등이 있습니다. 도시 농업은 산업혁명 이후에 감소하다가 제1, 2차 세계대전 이후 식량난과 자본가 위주의 사회시스템이 심해지자 도시의 빈민 노동자와 실업자를 중심으로 다시 증가하기 시작했습니다.

도시 농업의 이점은 여러 가지가 있습니다. 우선 대규모 농장형 농업과 다국적기업의 상품농업에 맞서 지속 가능하고 안정적인 식량 공급을 할 수 있습니다. 더불어 지역사회가 개발되고 모든 연령층에 건전한 활동이 제공됨으로써 화합할 기회가 생기지요. 도시 안에서 농업이 이루어져 시골 생활을 겪어 보지 못한 사람들에게 교육적인 효과도 볼 수 있습니다. 자연 친화적인 생활방식을 배우고 생물 다양성의 중요성을 배울 수 있기 때문입니다. 나아가 식품의 장거리 운송에 따른 이산화탄소 발생을 감소시킬 수도 있습니다. 도시 농업을 법제화한 사례로는 영국의 얼롯먼트(allotment)법이 있습니다. 농지를 분할해 실업자와 빈민에게 대여해 주어 도시 농업을 활성화하는 법을 제정한 것이지요.

- 개발도상국에서 환금작물을 집중적으로 재배하는 일은 개발도상국의 인권과 식량 안보에 부정적인 영향을 미칠 수 있습니다.
- 소수의 특정 대기업이 식량 생산과 판매를 독점하게 되면 식량 가격의 안정성이 위협받을 수 있습니다.
- 유전자조작 기술을 이용한 대량 농법이 환경과 인간에게 어떤 해를 끼칠지 아직 확실히 규명된 바 없습니다.

2장 조력자와 파괴자

식량 문제 와 관련된 이해집단에는 어떤 것들이 있을까요? 우리는 1장에서 기업형 농장과 다국적 식량 생산 기업의 문제점에 대해 살펴보았습니다. 그런데 사실 식량과 얽혀 있는 이해 관계자는 훨씬 다양할뿐더러 서로 복잡하게 얽혀 있습니다.

대형 마트는 소비자와 식량을 이어주는 매개자로서 중요한 역할을 수행하고 있습니다. 거대 금융기관과 헤지펀드처럼 돈이 많은 사람은 식량을 대상으로 투자를 하여 더 많은 돈을 법니다. 국가는 식량 분야에서 공정한 무역이 이뤄질 수 있도록 개입하고, 자국 농민에게 보조금을 지원하여 경쟁력을 실어줍니다. 비단 사람뿐만 아니라 우리의 '지구'도 중요한 이해관계자 중 하나입니다. 물과 땅 그리고 적절한 기후는 식량 생산에 필수적인 요소이지요. 이 모든 이해관계자가 조화롭게 균형을 이룬다면 식량의 좋은 친구가 될 수 있습니다. 하지만 모든 현상에는 양면이 있습니다.

식량은 단순히 먹을거리가 아닙니다. 대형 마트는 시장에서 우위를 점하기 위한 무기로 사용할 수 있고, 금융기관은 시장 질서를 파괴하는 투기 상품으로 이용할 수 있습니다. 이를 해결하기 위해 정부는 식량의 공급상황과 가격 형성 과정에 개입합니다. 하지만 정부의 개입이 꼭 좋은 결과만 내는 것은 아니지요. 이렇게 식량을 둘러싸고 인간들이 치열하게 부대끼는 동안 지구의 온도는 시름시름 오르고 있습니다. 그럼 식량을 둘러싼 이해관계를 하나하나 자세하게 살펴보도록 할까요?

대형 마트의 명암

▌ 대형 마트의 풍경

대형 마트에는 없는 게 없습니다. 가격도 저렴하고 주차도 쉽습니다. 하지만 엄청나게 많은 식품이 쌓여있는 만큼, 팔리지 못해 버려지는 식품의 양 또한 무척 많습니다. 카트를 끌고 돌아다니면서 진열된 식품을 주워 담기만 하면 되지만, 바로 그 때문에 시장 상인들과 인간미를 나눌 기회가 사라지지요. 이제는 온라인에서 주문하면 배송까지 해주니 카트를 끌 필요조차 없어

졌습니다. 거기다가 개개인의 쇼핑 습관에 대해 일일이 데이터를 저장해 활용하는 마케팅 기법은 개인정보침해의 여지가 늘 남아 있습니다. 무엇보다 대형 마트와는 경쟁조차 할 수 없는 동네 소매점의 이익까지 독차지하는 무자비한 골목상권 침투 문제도 아직 진행 중이지요. 실제로 대형 마트 1개가 추가로 기존 상권에 진입하면 지역의 소규모 슈퍼마켓과 식료품 가게들이 약 20여 개 정도 감소한다는 연구 결과가 있습니다.

작은 식품 가게가 가진 장점은 무엇일까요? GM 식품을 비롯한 식품위생 문제에 대한 관심이 커지면서 전통 유기농 음식, 현지 생산 먹거리에 대한 수요가 늘어나고 있습니다. 이런 종류의 식량들은 생산되는 양 자체가 적기 때문에 대형 마트에 대량으로 납품하기가 어렵고 대형 마트 측에서도 수지가 맞지 않아 잘 취급하지 않습니다. 대신 동네 시장이나 규모가 작은 식료품 가게에서는 상대적으로 내다 팔기가 쉽지요. 수많은 유통 과정을 생략하고 신선하면서 질 좋은 식량을 소비자에게 직접 전달함으로써 가격도 낮추고 건강도 챙겨줄 수 있습니다.

대형 마트 매장에 엄청난 양의 식품이 선반 가득 쌓여 있는 이유는 낮은 가격을 유지하기 위해 대량으로 식품을 판매해야 하기 때문입니다. 다시 말해 대형 마트 매장에 진열되는 식품들은 공장에서 대량 생산되는 식품들이 대다수를 차지합니다. 그런데 이렇게 박리다매를 한다고 해서 생기는 이윤이 반드시 생산자에게 돌아간다는 보장은 없습니다. 대형 마트의 불공정 거래 행위는 종종 뉴스와 신문에 오르내립니다. 마트에 들어온 물건을 부당하게 반품시킨다거나 납품 대금을 정당한 이유 없이 감액하는 경우가 대표적입니다. 또 대금을 늦게 지급한다든가 상품 판매 촉진을 위해 판촉 비용을 추가로 내라고 강요하는 행위도 있지요. 대형 마트는 유통망을 장악하고 있기 때문에 생산자에게 유통 비용 일부를 전가하기도 합니다. 그럼 구체적인 사례를 통해 문제를 파헤쳐 보겠습니다.

여러분이 마트에서 사는 우유는 젖소에게서 나온 것이지요. 그렇다고 해서 젖소를 마트에서 실제로 볼 일은 없습니다. 하지만 살아 있는 젖소가 대

집중탐구 사후 납품가 인하 행위

사후 납품가 인하 행위란 유통업체가 제조업체와 사전에 계약한 제품 공급 가격을 지키지 않고 추후에 납품가를 낮추어 제조업체에 지급하는 것을 말한다.

대개 대형 마트는 제조업체의 제품을 받고 추후에 납품 대금을 지급한다. 이때 사후적으로 판매 장려금, 물류 장려금, 판촉 비용, 인건비 등의 명목을 내세워 실제 납품 가격보다 훨씬 낮은 금액을 지급한다. 또 특별 가격 할인 행사 때 임의로 납품가를 평소보다 훨씬 낮게 판매한다. 그 결과 판매량이 늘어날수록 제조업체의 마진은 줄어드는 반면, 유통업체의 마진은 보전된다. 제조업체 입장에서는 납품가를 낮게 쳐준다고 납품을 하지 않을 수도 없다. 제품이 안 팔리면 재고가 되어 창고보관비만 축내다가 쓰레기가 될 뿐이기 때문이다. 제조업체는 유통업체가 부당한 행위를 해도 제대로 항의할 수 없는 경우가 많다.

대형 마트에서는 통상적으로 '묶어 팔기'나 '끼워 팔기', '2+1' 행사 등이 빈번히 이루어진다. 그런데 그 이면에 이와 같은 사후 납품가 인하 행위가 있지 않은지 소비자 단체들의 철저한 관심과 감시 활동이 뒤따라야 할 것이다.

형 마트에 정말로 돌아다닌다면 어떨까요? 2015년 영국 스태퍼드(Stafford)에서 낙농업자들이 젖소와 함께 우유 가격 인상을 요구하는 시위를 벌였던 날 실제로 있었던 일입니다.

유럽의 1인당 연간 우유 소비량은 한국의 서너 배에 달합니다. 영국은 세계에서 열 번째, 유럽 내에서 다섯 번째 안에 드는 우유 생산국이기도 하지요. 한국의 대형 마트에서 생수를 여러 병 묶어서 싸게 팔듯, 유럽의 대형 마트에서도 우유를 싸게 팝니다. 우유를 싸게 판매하면 소비자들이 마트에 방문하는 빈도가 높아지겠지요?

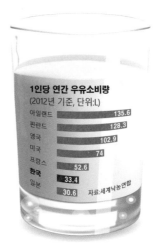

┃ 1인당 연간 우유 소비량

그런데 2015년 영국에서는 1ℓ당 우유 생산자 가격이 23.3펜스까지 떨어져 6년 만에 최저치를 기록했습니다. 다급해진 낙농업자들은 대형 마트에서 시위를 벌였습니다. 그들은 1ℓ의 우유를 생산하는 데 30~32펜스가 든다고 주장했습니다. 왜 이런 차이가 발생했던 걸까요?

1ℓ의 우유를 생산하는 비용에 어떤 것들이 포함되어 있는지 살펴보아야 합니다. 소매가격에는 젖소를 기르고 우유를 짜는 비용뿐만 아니라 포장, 운송, 마케팅 비용도 포함됩니다. 낙농업자들 외에도 이윤을 나눠 가져야 할 사람들이 많다는 뜻입니다. 대형 마트의 수익구조는 한국이나 유럽이나 별반 다르지 않습니다. 즉 사후 납품가 인하 행위는 유럽에서도 일어날 수 있

는 문제라는 뜻입니다.

이런 상황은 프랑스에서도 벌어졌습니다. 프랑스 낙농업자들은 리옹이라는 도시에서 자신들이 생산한 우유에 적절한 가격을 매겨 달라고 요구하는 시위를 벌였습니다. 프랑스에서는 1995년 이후, 우유 시장에서 각 가정으로 우유가 배달 주문되는 비율이 45%에서 3%로 하락했습니다. 대형 마트가 우유 배달 시장에 영향을 미친 겁니다. 낙농업자들은 소비자에게 직접 우유를 배달하던 분량의 일부분을 대형 마트에 납품할 수밖에 없었습니다. 그걸로도 모자라 대형 마트는 낙농업자들에게 별도의 수수료를 요구하기도 했습니다. 시위는 많은 사람의 공감을 불러일으켰고 결국 대형 마트는 낙농업자 측에 지급하는 최저가격을 인상했습니다.

찬성과 반대 **대형 마트 규제는 효과적일까?**

"2013년을 기준으로 소상공인은 월평균 영업이익이 189만 원으로 2010년 대비 25.5% 증가했다. 이는 대형 마트 규제 정책이 적절했음을 보여주는 증거다."

－노화봉 소상공인시장진흥공단 조사연구실장, 《머니위크》 2015년

"프랑스의 대형 마트 규제를 분석한 결과 골목상권 살리기로 이어지는 경제적 효과가 미약한 것으로 나타났다. 우리나라도 유통업 규제를 재검토해야 한다."

－한국경제연구원 전국경제인연합회, 《머니위크》 2015년

집중탐구 대형 마트의 몰락?

대형 마트를 선호하던 소비 패턴이 변하고 있다. 한국 내 대형 마트의 성장 한계는 이미 2010년 초반부터 예견되었고, 2013~2017년까지 평균 매출은 21% 감소했다. 이에 대응해 대형 유통사는 세 가지 수익 모델을 개발해냈다.

첫째, 대형 마트라는 거대 동맥을 해체·분산시킨 모세혈관인 'SSM(Small Super Market: 기업형 슈퍼마켓)'이다. 2019년 현재 국내 SSM 숫자는 500개 이상이다. 마치 버섯이 포자를 흩뿌리듯, 대형 마트가 해체되면서 오히려 재래시장 상권으로 더 깊숙이 들어가 자리 잡은 게 SSM이다.

둘째, 복합쇼핑몰에서 쇼핑, 외식, 영화 등을 원스톱으로 즐길 수 있는 '몰링(Malling)'이다. 2022년까지 대형 유통사의 복합쇼핑몰 6개가 신규 출점한다. 한곳에서 모든 것을 빠르고 만족스럽게 해결하려는 젊은 세대의 취향에 부합하는 소비 패턴의 산물이 바로 복합쇼핑몰이다.

셋째, '온라인 쇼핑'이다. 금융감독원에 따르면 쿠팡의 2018년 매출은 전년 대비 64.7% 증가한 4조 4,117억 원이다. 이에 맞서 이마트와 롯데쇼핑, 현대홈쇼핑, SSG(신세계) 등 전통적으로 대형 마트와 백화점 유통망을 장악해 온 업체들 역시 온라인 사업 부분을 더욱 강화하고 있다. 대형 마트는 기존의 단순한 대형 슈퍼의 형태에서 끊임없이 진화하며 수익을 올리고 있다.

금융기관의 탐욕

식량은 우리의 생존과 즐거움을 위해 필요한 가장 기본적인 요소입니다. 그런데 한편으로 식량은 많은 돈을 벌기 위해 전 세계적으로 거래되는 상품이기도 합니다.

상품으로서의 식량은 은행과 증권가 등의 금융기관에서 매매되는 세계 경제 시스템의 일부입니다. 여기서 어떤 투자자들은 미래의 곡물 가격에 돈을 걸기도 합니다. 이것을 **선물 거래**라고 부릅니다. 선물(Futures) 거래란 어떤 물건을 사고파는 사람들이 현재 시점에서 직접 거래하는 것이 아니라, 미래의 일정 시점에 미리 정해 둔 가격으로 판매, 또는 구매할 것을 약속하는 거래방식을 뜻합니다. 과거 우리나라에 '밭떼기', 혹은 '입도선매'라고 불리는 거래 방식이 있었습니다. 어느 논, 밭의 농작물을 몇 달 혹은 몇 년 전에 통째로 미리 사두는 것입니다. 만약 풍년이 든다면 납품처와 미리 거래한 가격을 높게 잡아 놓았거나 예년보다 훨씬 많은 양을 거래하기로 약속해놓았을 때 엄청난 이익을 볼 수 있습니다. 반대로 흉년이 들어 손해 볼 위험이 있다면 미리 위험을 회피하는 방법으로도 쓸 수가 있지요.

커피는 이와 같은 선물 거래 원리가 국제적으로 통용되던 대표적인 환금 작물입니다. 그래서 커피의 국제 시세는 뉴욕과 런던의 선물 거래소에서 결정되었습니다. 최근 선물 거래는 첨단 금융 기법을 이용하여 위험을 역이용하는 고수익 고위험 투자 상품으로 발전하였습니다. 오늘날에는 커피는 물론, 콩, 밀, 옥수수 등 농산물과 돼지 등의 축산물, 오일, 가스 등 천연자원, 금, 은, 구리 등 광물에 이르기까지 선물 거래의 대상이 다양화되었지요.

'선물(先物)'에 투자를 하면 은행이나 금융 기관에 이득을 줄 수는 있지만,

전 세계 식량 가격을 상승시킬 수도 있습니다. 왜냐하면 실제로 먹기 위해 식량을 사는 것이 아니라 그 가치의 변동을 두고 마치 카지노에서 도박하듯 식량을 사고팔게 되기 때문입니다.

이와 같은 투기 시스템에 반대하는 사람은 식량의 가격이 생산자나 소비자의 이익을 고려하기보다는 일부 부자들과 기업들의 이익을 위해 결정되고 있다고 지적합니다.

사례탐구 2014년의 옥수수 가격 상승과 선물 거래

2014년 미국의 옥수수 생산량은 역대 최고 수준이었다. 그뿐만 아니라 다른 주요 생산국 역시 생산량이 늘어 세계 옥수수 생산량은 전년보다 13.5% 증가할 것으로 예측되었다. 여기에 국제유가 하락, 달러 강세까지 더해져 농축산 전문가는 옥수수의 국제 가격이 1톤당 192달러로 전년보다 35.6% 낮게 형성될 것으로 전망했다.

하지만 예측과는 달리 2014년 국제 곡물 시장의 사료용 옥수수는 1톤당 5월에 241달러에서 10월에 270달러로 올랐다가 12월 초에 다시 250달러 수준으로 요동쳤다.

물론 당시 가격 상승에는 9월과 10월의 해수 온도 상승, 즉 엘니뇨 발생에 따른 가뭄 등의 영향이 반영되어 있었다. 하지만 실제로 세계 최대 옥수수 생산국인 미국은 풍작이었다. 그런데도 옥수수의 가격은 추수 전에 계약된 선물 거래 탓에 올라갈 수밖에 없었다. 투기자본 세력이 시장에 개입했기 때문이다.

변화하는 식량 가격을 예측해 이익을 얻으려는 사람들의 행위 자체가 나쁜 것은 아닙니다. 적절하고 공정한 투자를 통해 이익을 얻는 것은 자본주의 사회에서 권장되는 경제활동 능력이기 때문입니다. 하지만 지나친 투자, 즉 투기가 성행하게 되면 필요 이상의 식량을 사거나 필요한 양보다 적은 식량을 팔아야 하는 경우가 생깁니다. 그렇게 되면 먹을 것이 없는 곳에 식량이 더 부족해지거나 창고에 남은 식량이 가득 쌓여 버리게 되는 상황을 악화시킬 수 있습니다.

시민단체의 역할

■ 공정 무역 인증 로고

자본주의 경제질서에서는 공정한 규칙에 따라 시장이 작동할 수 있도록 하는 일이 매우 중요합니다. 이에 따라 좀 더 **공정한 국제 무역**을 하자는 움직임이 1960년대 유럽에서 시작되었습니다.

요즘은 공정무역협의회 같은 시민단체들이 정치적으로 캠페인을 벌이는 한편 시장에 직접 관여합니다. 차나 커피 같은 상품을 농부에게서 더 나은 가격으로 수입하여 노동자에게 정당한 임금이 돌아가도록 하는 것입니다. 이런 기준에 적합한 상품에는 공정 무역 상표를 붙입니다.

많은 커피 수입업자는 농부가 정당한 임금을 받도록 보장하는 공정 무역 협정을 준수합니다. 하지만 세계 여러 지역의 농장주는 여전히 임금을 낮춰 경비를 줄이려 합니다. 그러다 보니 이주 노동자는 고용 보장이 안 된 상태로 농장에서 혹사당하는 경우가 많습니다. 미국에만 100~300만 명 정도의

집중탐구 공정 무역 인증 상표

'공정 무역 인증 상표'는 1980년대에 공정 무역의 영향력을 높이기 위해 최초로 만들어졌다. 그 첫 적용 대상은 커피였다. 멕시코 남부 오악사카 주의 커피 생산 농민 협동조합, 프란츠 반 더 호프 신부 그리고 네덜란드 비영리단체인 솔리다리다드의 노력으로 1988년 첫 번째 커피 공정 무역 인증 상표인 '막스 하벨라르'가 형성되었다. 이후 1990년대에는 네덜란드 를 비롯한 유럽과 북미 각국에서 연이어 국가 공정 무역 인증 상표가 생 겼다. 각국의 이러한 공정 무역 인증 상표 형성 노력을 통합하고 공정 무 역 상표를 위한 공통의 기준을 마련하기 위해서 1997년 독일 본에 공정 무역상표기구(FLO: Fairtrade Labelling Organization International) 가 설립되었다. FLO가 설립되면서 공정 무역으로 거래되는 상품의 종류 도 늘어나고 상대적으로 시장 점유율도 높아졌다.

이주 노동자가 있습니다. 전 세계적으로 5~17세의 미성년 노동자 중 60%가 농장에서 일하고 있으며, 이 중에서 68%는 가족의 농장에서 보수조차 없이 일하고 있습니다.

정부 개입의 딜레마

식량을 생산하는 일에는 많은 어려움이 따릅니다. 과학기술의 발달로 일기 예보 기능이 좋아지고 첨단 장비와 기계를 통해 사람의 노동력을 줄일 수 있게 되었지만, 여전히 땅을 일구고 씨앗을 뿌리고 수확하는 일은 고된 작업입니다. 많은 시행착오 과정에서 수익을 제대로 내지 못하는 경우가 많고, 경비가 나날이 높아져 농사를 포기하는 농부가 점점 늘고 있습니다.

사실 세계의 많은 농장은 재배 환경이 열악하며 수확량 역시 적습니다. 농부가 편안하게 생활하기 힘든 실정이죠. 그 때문에 많은 나라에서는 농부에게 보조금이라는 특별한 예산을 지급합니다. 농가에 지급되는 보조금의 목적은 농민을 후원하여 안정적으로 농업 정책을 관리하기 위해서입니다.

그런데 이러한 정부 보조금이 정말로 도움이 필요한 국가의 농민에게 지원되지 않고 이미 농업경쟁력을 갖춘 국가의 농민에게 돌아간다면 역효과가 생길 수 있습니다. 농작물이 과잉 생산되거나 국제 시장을 불공정하게 만들 수도 있기 때문입니다. 예를 들어 아이티의 가난한 농부가 재배한 쌀은 정부 지원금을 받아 재배한 미국의 쌀과 가격경쟁을 할 때 밀릴 수밖에 없습니다. 아이티 국민 입장에서는 자국에서 생산한 쌀을 먹는 대신 수입하는 편이 경제적으로 보면 훨씬 이득입니다.

하지만 식량의 해외 의존이 심화될 경우 국력이 약한 아이티는 식량 강대국의 일방적이고 불공정한 무역정책으로 인해 식량안보를 위협당할 수 있습니다. 우리나라에서도 쌀 소비량과 생산량은 매년 감소하고 있지만, 농가에 보조금을 지원해 해외에서 수입되는 쌀과의 경쟁에서 밀리지 않도록 도와주고 있습니다.

▌ 바이오에탄올 플랜트 공장으로 들어가는 브라질 곡물 원료 트럭

　　정부 개입으로 인한 식량문제의 또 다른 사례를 살펴보겠습니다. 중국의 에너지 정책이 농산물 가격에 영향을 미쳤던 사례입니다. 중국은 친환경 에너지인 바이오 연료를 생산을 장려하기 위해 기존에 11곳 성에서 시범적으로 시행하던 에탄올 의무 사용 정책을 2020년까지 전국적으로 확대하겠다고 발표했습니다. 이에 따른 에탄올 소요량은 29억 ℓ에 달할 것으로 보입니다. 소양강 댐을 에탄올로 가득 채운 것과 맞먹는 양입니다. 문제는 중형차 한 대에 바이오에탄올을 채우려면 한 사람이 1년 동안 먹을 양만큼의 옥수수가 필요하다는 사실입니다. 엄청난 양의 옥수수가 바이오에탄올로 공급되다 보면 식량으로 공급되는 옥수수의 양이 감소할 수밖에 없을 것입니다. 바이오 연료의 생산 과정에 드는 전체 에너지를 생각하면 전적으로 친환경적이라고 보기 어려운 면도 있습니다.

바이오에탄올

"전기차나 수소차가 대중화되려면 오랜 시간이 걸린다. 휘발유에 옥수수 에탄올을 섞어 연료로 사용하면 당장 미세먼지 저감 효과를 볼 수 있다."
　　　　　　　　　　　　　 -스테판 뮬러 일리노이대학교 에너지자원센터 교수

"현재 미국과 브라질 등 주요 에탄올 수출국의 생산성이 크게 높아져 에탄올의 물량 확보는 해소된 것으로 보이지만, 에탄올 가격의 변동성은 여전히 중요한 이슈로 판단되며, 효율적인 에탄올 도입 방식에 대한 심도 있는 검토가 필요하다."
　　　　　　　　　　　　　 -이진석 바이오에너지 연구센터 센터장

말라가는 강물, 혹사당하는 땅

곡식을 생산하기 위한 가장 기본적인 자연요소는 땅과 물입니다. 따라서 양질의 식량을 생산하기 위해서는 비옥한 땅과 풍부한 물이 필수적입니다. 하지만 식량이 부족하다는 이유로 더 많은 땅에 더 많은 물을 끌어다 사용하고, 그러다 보니 농사지을 땅이 모자라 좁은 땅에 빽빽하게 작물을 심고, 수확하자마자 곧바로 또 다른 작물을 심게 되면 어떻게 될까요?

수자원이 부족한 지역에서는 대규모 농장 때문에 물 부족이 더 심각해질 수 있습니다. 예를 들면 이란은 미국의 경제 제재로 농산물 수입을 금지당했습니다. 그래서 이란 정부는 자체적으로 농업을 장려했습니다. 그에 따라 수도 테헤란의 인근 지역에 대규모 농장이 개발되었습니다.

하지만 이란은 대표적인 물 부족 국가입니다. 농업용수 공급을 위해 지하

▌ 이란의 대규모 농장

수를 과도하게 소비한 탓에 결국 지하수가 고갈되었고, 현재 테헤란 전역은 땅이 해마다 5~25cm씩 가라앉고 있습니다.

과도한 **관개**는 지표면의 물과 지하수를 고갈시킵니다. 또한 토양에 소금 성분을 증가 시켜 생산성이 낮은 땅으로 만듭니다. 지나친 집약 농업은 토양을 훼손시키고 지력을 약하게 만듭니다. 이를 위한 해법으로 땅을 심하게 일구지 않는 '무경운 농법'과 자연의 숲처럼 농경지와 나무를 어우러지게 하는 '수목간작' 기법이 주목받고 있습니다. 하지만 효율성과 생산성을 중요시하는 관점을 바꾸지 않는다면 근본적으로 바뀌는 것은 아무것도 없을 것입니다.

알아 두기

자연과 조화를 이루는 수자원 관리

대규모 농장 경영에서 물 관리는 항상 초미의 관심사다.

1940년대 미국 텍사스와 사우스다코타주의 농민은 산발적인 가뭄으로 고생했다. 이에 대비해 몬산토, 신젠타, 뒤퐁 등 농업계 다국적기업은 가뭄에 잘 견디고 성장할 수 있는 유전자조작 품종을 개발했다. 문제는 이 품종이 가뭄이 아닌 시기에도 늘 건기 생존 모드로 지낸다는 것이었다. 일반적으로 식물은 주변 상황에 따라 수분 흡수 기능이 자동으로 조절된다. 하지만 가뭄 대비 유전자조작 식물은 늘 건기 생존 모드로 있기 때문에 성장이 느려진다는 점이 한계였다.

반면 캔자스 지역 농업계의 대처는 달랐다. 유전자조작 품종 대신 흙의 수분 함량 관측에 주목했고, 밭에 전자식 탐지기를 사용해 수분 함량이 기준 이하일 때에만 스프링클러를 작동했다. 그 결과 기존 옥수수 수확량의 98%를 수확하면서 물은 23% 절감하는 효과를 거두었다. 이 예는 자연의 순리를 따르면서 인간의 지혜로 환경의 제약을 극복한 사례로 볼 수 있다.

달궈지는 지구

안정적인 식량 공급은 결국 인간이 건강하고 오래오래 살아가기 위해 해결해야 하는 문제라고 할 수 있습니다. 그렇다면 우리 인간이 밟고 살아가는 지구의 건강과 수명은 어떨까요? 식량 문제는 곧 지구의 문제입니다.

예컨대 환금작물을 집약적으로 재배하는 농업은 지구온난화라는 관점에서도 큰 문제입니다. 소를 방목하기 위해 필요한 **목초지**를 만들기 위해서 막대한 나무가 벌목되고 있습니다. 남미와 아프리카에서 정글을 없애고 건설한 철도와 도로는 커피와 카카오, 바나나 등 환금작물을 운반하는 데에 사용되었습니다. 덕분에 지구온난화를 막아줄 열대우림이 사라지는 속도는 더욱더 빨라지고 있습니다. 자연 서식지의 파괴는 지구온난화를 가속합니다. 이산화탄소를 흡수해 줄 숲이 줄어들기 때문입니다.

전적으로 농업에 의존하는 지역은 식량 생산성을 높이기 위해 최선을 다할 수밖에 없습니다. 하지만 농업은 날씨에 의존해 리스크가 큰 사업입니다. 수확량이 많은데 농작물의 시장 가격이 폭락하면 낭패입니다. 지구온난화를 위시한 기후변화에 따른 전통적 계절 패턴의 파괴로 인해 농업의 불확실성은 더욱 커지고 있습니다. 이런 불확실성은 식량 공급의 안전성을 위협합니다.

이에 따라 지구온난화 문제를 해결하기 위한 국가 차원의 움직임이 활발해졌습니다. 대표적인 사례로 기후변화협정이 있습니다. 2015년 파리에서는 21차 UN 기후변화협약 당사국총회가 열렸죠. 이 회의에 참석한 당사국은 미국 오바마 전 대통령 주도로 파리기후변화협정을 체결했습니다. 산업화 이전보다 지구 평균 온도가 2℃ 이상 상승하지 않도록 온실가스 배출량을 단계적으로 줄이는 협정이었지요. 이에 따라 세계 각국은 이산화탄소 배출량 감소를 약속했고, 한국 역시 2030년의 목표 연도 배출 전망치 대비(BAU) 37% 감축 목표를 제출했습니다. 하지만 2017년 새로 당선된 미국의 도널드 트럼프 대통령은 곧바로 파리기후변화협정 탈퇴를 선언했습니다. 협정을 주도 국가가 탈퇴하는 어이없는 상황이 벌어진 것입니다. 반면 프랑스의 마크롱 대통령은 기후변화와의 싸움에 앞장서기 위해 탄소 배출량을 줄일 수 있는 정책을 실행했습니다. 바로 유류세 인상안이었지요. 유류세를 인상하면 석유 가격이 오르게 되어 석유 소비가 줄어드는 효과를 기대할 수 있습니다.

하지만 석유를 사용하는 농기계에 절대적으로 의존하는 농부들에게 유류세 인상은 달갑지 않은 정책입니다. 늘어날 세 부담에 반발한 프랑스 시민들과 연대한 농부들은 반대 시위를 벌였습니다. 이것이 바로 2018년에 일어난 '노란 조끼 시위'입니다. 결국 마크롱 정부는 유류세 인상안을 철회했습니다.

전문가 의견

기후변화와 그에 따른 식량 체계의 취약성을 개선하기 위해 아무런 조치를 하지 않는다면 향후 30년 안에 식량 공급과 식량 안전은 심각한 위협을 받게 될 것이다.

– UN 아카데믹 임팩트(UNAI), 2016

프랑스의 노란 조끼 시위에서 볼 수 있듯이 식량 문제는 기후 변화뿐만 아니라 정치적, 사회적 역학 관계가 복잡하게 얽혀 있는 어려운 문제입니다.

간추려 보기

- 대형 마트는 생산자와 소비자와 상호공생할 수 있는 시장 질서를 추구해야 합니다.
- 금융기관의 투자를 장려하고 투기를 규제하는 정책이 시행되어야 합니다.
- 정부의 농업보조금은 필요한 곳에 지원되어야 합니다.
- 공정무역을 위한 시민단체의 활약만큼이나 기업의 윤리의식도 중요합니다.
- 자연환경을 고려하지 않는 농업은 지구를 망가뜨립니다.
- 이 모든 이해관계자의 요구를 적절히 수용하여 최선의 결과를 내기란 쉽지 않습니다. 무엇을 더 우선시할지는 모든 시민의 합의에 따라 도출되어야 합니다.

3장 굶주린 세계

세계 식량 산업이 해결해야 할 최대 과제는 바로 기아입니다. 세계의 굶주림은 계속 증가하여 10년 전 수준으로 퇴보했습니다. 세계식량농업기구(Food and Agriculture Organization)에서는 영양실조로 고통을 받거나 또는 만성적인 식량 부족을 겪는 사람의 절대적인 숫자가 2016년 약 8억 400만 명에서 2017년 약 8억 2,100만 명에 이르는 것으로 추산

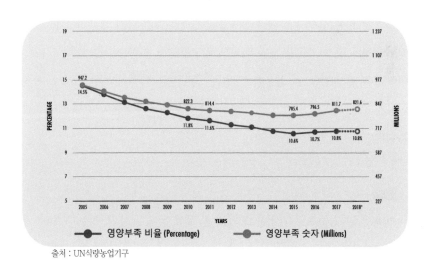

출처 : UN식량농업기구

❚ 세계 영양부족 인구수(2005~2018년)

했습니다. 그들 대부분은 사하라 남부 아프리카, 동남아시아 등 개발도상국에 살고 있습니다.

식량 부족 문제는 주요국에서도 겪고 있습니다. 유럽푸드뱅크 연합체에 의하면 2016년 기준 53만 1,000t의 음식을 총 610만 명에게 재분배해 노숙자 등 식량이 필요한 사람에게 매일 290만 끼니를 제공했습니다. 경제 대국 미국 역시 2012년 3억 5,000만 인구 중 4,900만 명이 식량 부족 상태였고, 이 중에서 5%는 극심한 굶주림에 시달리고 있었습니다.

기근의 원인은 전 세계 식량의 절대량이 부족해서가 아닙니다. 2018년에는 전 세계 먹거리 1년 치 생산량의 3분의 1에 해당하는 16억 톤, 약 1,300조 원 어치의 음식물이 그냥 버려졌습니다. 매년 주요국에서 낭비하는 음식의 양이 사하라 남부 아프리카 지역에서 생산되는 음식량과 맞먹는 수준입니다.

세계가 굶주리고 있는 까닭은 지역 분쟁으로 인해 난민이 발생하고, 전 지구적 차원에서 식량 분배가 불평등하게 이뤄지고 있기 때문입니다. 물론 자연재해와 전쟁, 기후변화도 주요한 원인입니다. 인류가 처한 식량 문제를 어떻게 하면 해결할 수 있을까요? 이번 장에서는 인류가 처한 식량 문제를 어떻게 하면 해결할 수 있고 거기에 또 다른 문제점은 없는지 함께 알아보겠습니다.

평화

2018년 말 기준으로 난민을 포함해 전 세계 강제 실향민 수는 7,080만 명으로 7년 연속 최고치입니다. 전 세계 난민 5명 중 1명은 20년 혹은 더 오랜 기간 난민으로 살아갑니다.

▌ 케냐 다답 지역의 난민 캠프

케냐의 다답(dadaab) 지역에는 거의 30년이 다 되어 가는 세계 최대의 난민 캠프가 있었습니다. 1991년에 소말리아에서는 군사정권이 붕괴한 뒤 무장한 군벌 세력들 간에 내전이 일어났습니다. 이후 수십만 명의 소말리아인이 전쟁을 피해 케냐로 건너왔지요. 그리고 다답 지역에 난민촌을 형성해 식량과 의료 원조를 기다리며 줄을 서곤 했습니다. 그러나 최근에는 이 난민촌마저 케냐 정부의 폐쇄 결정에 의해 사라질 위기입니다. 이제 곧 난민들은 다른 곳으로 쫓겨나 더욱 심각한 식량 부족 사태에 직면할 것입니다.

결국 독재, 민족, 인종, 종교 등의 갈등으로 벌어지는 국제 분쟁이 사라지지 않는 한, 난민이 겪는 기근은 해결되기 어렵습니다. 평화로운 사회는 안전하고 배부른 식사를 위한 첫 번째 조건입니다.

시리아	630만 (2011년 '아랍의 봄' 이후 내전)
아프가니스탄	260만 (NATO군 철수 후 탈레반 활동 재개)
남수단	240만 (2011년 수단에서 분리독립 후 내전)
미얀마	120만 (이슬람계 로힝야족에 대한 탄압)
소말리아	99만 (극단주의 무장 세력의 폭력 사태)

자료: UN난민기구

❚ 주요 난민 발생국(단위: 명)

찬성과 반대 난민, 포용할까 거부할까

"난민협약은 세계 어느 곳에서든 생존을 위협받는 가장 약한 사람들의 인권. 바로 살 권리를 보호하자는 국제사회의 약속입니다. 이방인이라는 이유로 도움을 청하는 약자를 보호하지 않는 사회에서 과연 우리의 인권이 존중받을 수 있을까요?"

–난민 전문 변호사 김세진, 《톱클래스》 2015년

"이슬람이 평화적 종교? 유럽 난민 이슈 먼 나라 얘기 아냐."

–홍지수 작가, 《트럼프를 당선시킨 PC의 정체》 저자,
《여성조선》 2018년 08월호

"무분별한 난민 포용정책으로 국민들이 테러의 공포에 떨고 있다. 당장 국경을 통제하고 불법 이민자들을 추방해야 한다."

–프랑스 제3당 국민전선(FN)의 마르펜 대표
《주간조선》 2015년 11월호

기술

세계 인구는 최근 74억을 기록했습니다. UN은 세계 인구가 2050년에 97억, 2100년에는 112억에 이를 것으로 추정합니다. 늘어난 인구만큼 수요를 만족시키려면 식량 생산 역시 늘어나야 할 것입니다. 이를 위해서는 창의적인 신기술을 개발해야 합니다. 지구온난화와 함께 기상 상태가 점점 더 예측 불가능해지고 있습니다. 어떤 지역에서는 심각한 홍수가 일어나는데 또 어떤 곳에서는 오래도록 가뭄이 이어지고, 메마른 사막에 눈이 내리기도 합니다. 이런 이상기후에 대비한 농업기술이 필요합니다. 호주 남부 사막에서는 특별한 온실에서 토마토를 재배하고 있습니다. 거울에 반사된 태양열을 바닷물 **담수화**에 사용하는 것이지요. 그렇게 **증류법**으로 소금기를 제거한 깨끗한 물을 농작물에 주어서 우리가 먹을 식량을 기를 수 있다고 합니다.

▌ 호주 남부 포트 오거스타 지역 사막의 Sundrop Farm

식물공장의 발전

1985년 덴마크 크리스텐센 농장은 컨베이어벨트로 작물을 운반하고 고압 나트륨램프로 일조량을 보완해 재배

1985년 히타치 제작소가 완전제어형 식물공장을 일본 쓰쿠바 과학박람회에 처음 선보임

1990년대 LED가 광원으로 쓰이면서 실용화

2016년 미국은 7층 높이의 에어로팜 공장을 건립해 연 1천 톤의 채소를 생산하며 도심형 식물공장에 주력

2016년 파나소닉이 싱가포르에 상품작물 재배 공장 설립

2016년 샤프가 두바이 딸기 공장 설립

2016년 후지쯔는 이와타에 축구장 12배 크기의 대규모 식물공장 단지 조성

현재 일본 소프트뱅크는 계단식 논처럼 물이 떨어지는 구조의 '플랜티'를 개발해 투자를 유치 중이고, 네덜란드는 태양광과 LED를 동시에 활용해 자국 내 토마토와 파프리카 소비의 80%를 공급 중이다.

구호 활동과 정부 지원

개발도상국에서 겪게 되는 기근은 선진국에서 일어나는 식량 부족 문제와는 차원이 다릅니다. 1983~1985년 에티오피아에서는 기근으로 40만 명이 목숨을 잃었습니다. 에티오피아 정부는 1997년부터 2007년까지 매년 기근 관련 문제에만 11억 달러를 썼지만, 문제가 해결되지 않았습니다. 2017년 7월 현재, 에티오피아뿐만 아니라 기근이 선포된 나이지리아, 소말리아, 남수단, 예멘, 케냐에 사는 총 3,800만 명의 사람들은 심각한 식량 부족 사태에 놓여 있습니다.

개발도상국을 위한 기근 구제는 국제적십자, 적신월, 옥스팜 등 자선 단체의 주도로 이루어집니다. 위기가 닥치면 이들 구호단체를 통해서 세계의 많은 사람이 기금을 모아 응급 의료팀이나 국제 구호원을 보내줍니다. 식량의 공급량이 부족한 게 아니라 식량을 살 수 있는 비용이 없어서 문제라면 현금이나 쿠폰을 주기도 합니다.

자선 단체의 구호 활동은 단순히 은혜를 베푸는 행동이 아니라 우리 인류 공동체를 안정적으로 지켜나가기 위해 인간으로서 당연히 취해야 할 행동입니다. 한쪽의 몰락을 방관하면 머지않아 그 몰락을 방관했던 다른 한쪽도 위험해지기 때문입니다.

19세기 중반, 아일랜드에서 100만 명의 목숨을 앗아간 대기근의 사례를

▌ 적신월, 국제적십자, 옥스팜 같은 주요 국제구호단체의 로고

볼까요? 당시 아일랜드에서는 갑자기 감자잎마름병이 번져 감자 농사를 짓는 수많은 사람이 죽어갔습니다. 하지만 당시 귀족과 지주들은 자신의 이익만 생각하며 구호 활동을 하지 않았습니다. 그 결과 농민층은 굶주림을 견디다 못해 영국·미국·오스트레일리아·캐나다 등으로 이민을 떠났습니다. 그 때문에 당시 아일랜드 인구는 800만에서 절반으로 줄어들었지요. 자신들의 농지에서 소작하던 농민층이 떠나 버리자, 지주 계층도 결국 버티지 못하고 몰락의 길을 걸었습니다.

▌ 아일랜드 대기근 기념 동상

구호 활동도 효과적이지만 정부가 직접 대비책을 세우는 방법도 필요합니다. 앞에서 잠깐 살펴보았듯이 아프리카의 에티오피아는 오랫동안 비극적인 기근을 겪었습니다. 최근 에티오피아 정부는 세계은행과 함께, 굶주린 사람들에게 일할 기회를 주는 시스템을 도입했습니다. 한 지역에서 재해가 일어나면 인근 지역에서 생산한 식량을 국제 구호 단체가 구매해 주는 것입니다. 재해를 입은 어려운 이웃을 자국 국민들이 도울 수 있도록 하는 것이지요.

나아가 현재 에티오피아 정부가 가장 심혈을 기울이는 분야는 수자원 확보입니다. 에티오피아에는 총 12개의 강이 흐르며 강수량이 풍부한 지역이지만, 관개·저장시설이 부족하여 수자원이 제대로 활용되지 않고 있었습니다.

에티오피아 정부는 수자원을 효과적으로 관리하기 위해 '그랜드 에티오피아 르네상스' 댐을 시공하여 농업용수를 확보하고, 이를 커피와 같은 **환금작물** 재배에 이용하려는 계획을 세웠습니다. 댐 공사를 통해 일자리 창출은 덤으로 이루어지니 매우 고무적인 방법이지요.

전문가 의견

기아와의 전쟁은 진정, 인류의 해방 전쟁이다.

— 존 F. 케네디(1917~1963) 미국 35대 대통령

외국의 원조

해외 원조란 한 국가나 국제기구가 다른 나라 정부를 도와주는 것을 뜻합니다. 원조에는 식량, 돈, 대출, 교육, 의료 지원 등이 포함됩니다. 특히 식량 원조는 기근이나 자연재해 등으로 위급 상황에 빠진 생명을 직접적으로 구하는 활동입니다. 한편 농기구 지원이나 교육 지원은 장기적으로 식량 생산과 경제 활동에 도움을 줄 수 있습니다.

해외 원조는 주로 경제적으로 안정된 나라에서 하게 되는데 미국의 경우, 2015년 개발도상국에 25억 달러에 달하는 긴급구호용 식량을 지원했습니다. 우리나라도 어려움에 부닥친 나라에 적극적으로 원조할 수 있는 경제력을 갖고 있습니다.

집중탐구 공적개발원조(ODA)란?

일반적으로 '개발원조'란 경제협력개발기구(OECD)의 개발원조위원회에서 정의하는 '공적개발원조(ODA: Official Development Assist)'를 의미한다. 개발원조에 관한 명확한 개념은 개발원조위원회가 1969년 공적개발 원조를 "개발도상국의 경제 사회 개발을 증진할 목적으로 이루어지는 공적 거래와 무상 제공의 성격으로 이루어지는 자금"으로 설정하면서 정립되었다.

공적 개발 원조 개념이 성립하려면 다음의 조건을 충족해야 한다.

- 중앙정부와 지방정부를 포함한 공공 부문, 또는 그 실시 기관에 의해 개발도상국, 국제기구 또는 개발 NGO에 공여될 것.
- 개발도상국의 경제개발 및 복지 증진에 기여하는 것이 주목적일 것.
- 차관일 경우 증여율(갚지 않아도 되는 금액의 비율)이 25% 이상이어야 할 것(1조를 빌리면 최소 2,500억 원은 갚지 않아도 됨)
- 개발원조위원회에서 작성한 수혜국(도움을 받는 나라) 리스트에 속해 있는 국가 및 동 국가를 주요 수혜 대상으로 하는 국제기구를 통해서 할 것.

한국의 산업통상자원부는 산업·에너지 '공적개발원조(ODA: Official Development Assist)' 차원에서 2012년부터 2018년까지 23개 개도국에 총 804억 원을 지원했습니다. 특히 베트남에 한국산 트랙터를 지원하고 농기계 애프터서비스 센터를 구축해주었습니다. 이를 계기로 한국 기업과 베트남 기업이 합작해 현지에서 트랙터를 함께 만들어 미얀마와 캄보디아로 수출하는 성과도 낼 수 있었습니다.

해외 원조의 그림자

해외 원조가 반드시 좋기만 할까요? 혹시 가난을 스스로 극복하지 않고 타인의 도움을 받게 되면 의존도만 커지지 않을까요?

2014년 〈미국 해외 원조 보고서〉에 따르면 미국의 해외 군사 원조를 가장 많이 받는 5개국은 이스라엘, 이집트, 이라크, 요르단, 파키스탄이었습니다. 그런데 각 나라는 주변의 인접 국가와 전쟁을 벌이고 있는 상황입니다. 이스라엘은 팔레스타인과, 이라크는 이란과, 요르단은 이스라엘과, 파키스탄은 인도와 분쟁 중이며, 이집트는 군사정권에 저항해 내부 분쟁 중입니다.

해외 원조의 취지로 공급한 무기가 오히려 전쟁과 분쟁의 불쏘시개가 되고 말았습니다. 덕분에 난민이 늘어나고 식량 부족과 기근은 더욱 심각해지는 결과가 발생했지요. 모든 원조가 좋은 것만은 아닙니다. 식량이나 의료품, 교육과 기술 지원은 득이 되지만 무기와 군사력을 원조하는 일은 신중해야 합니다. 자칫하면 수혜국의 정권이 나쁜 마음을 먹고 원조받은 무기를 엉뚱한 곳에 쓸 수 있기 때문입니다. 조금 더 깊이 생각해보자면 무기뿐만 아니라 UN의 평화유지군이나 각 나라의 해외파병처럼 직접 군사 인력을

파견하는 일도 신중하게 접근해야 합니다. 폭력적인 수단으로 누군가에게 도움을 줄 수 있다는 논리 속에는 또 다른 의도가 숨어있기 마련이니까요.

사례탐구 해외 원조의 아이러니

1963년 일본 축산은 세계적인 곡물 가격 상승과 선박 운임 증가로 큰 타격을 입었다. 이를 계기로 일본의 축산 관련 기업은 사료 곡물을 안정적으로 공급하기 위한 대책을 세웠다.

1968년부터 여러 일본 기업은 해외 농장에 원조 형식의 투자를 진행했다. 때마침 브라질은 1975년 가이젤 대통령이 "세하두 거점 개발계획"을 발표하면서 브라질 내륙의 불모지 세하두 지역의 농업 인프라 개발 정책을 시행하던 때였다. 일본 정부도 여기에 협력해 1978년 브라질에 CAP 농장을 만들었다. 특히 미쓰이 물산은 세계적인 곡물 수요 증가와 경쟁 격화에 대응해 브라질에 현지 농업 개발 투자를 확대했다. 이 과정에서 일본 정부는 자국의 해외원조 담당 기관인 JICA(일본국제협력단)를 통해 세하두 지역의 농업을 개발하게 된다. 1979년부터 2001년 3월까지 22년간 시행한 이 사업에 일본은 684억 엔의 융자액을 투입했고, 그 결과 브라질은 축산가공업과 콩, 커피, 옥수수, 소고기 등 다양한 농산업의 발전을 보게 된다.

하지만 농축산물의 운송로를 개발하기 위해 아마존 삼림이 파괴되었고, 대규모 관개 시설 도입과 농약 살포 역시 아마존강, 파라나강, 샌프란시스코강의 고갈과 수질오염을 불러오게 되었다. MBC 다큐멘터리《아마존의 눈물》시리즈는 바로 이 개발의 결과로 인한 원주민 보호지의 난개발 문제, 다른 지역 인구 유입으로 인한 바이러스성 질병 증가, 생물 다양성의 감소 등을 고발한 프로그램이다.

한편 해외 원조에 반대하는 사람들은 해외 원조가 부패한 지도자나 국가 공무원의 주머니만 불릴 뿐, 정작 원조를 받아야 할 일반인에게는 전혀 전달되지 못하는 경우가 많다고 말합니다. 또 산업 발전을 위해 원조를 했다가 수많은 산림을 파괴해버리는 바람에 결국 온실가스 배출이 늘어나고 지구 온난화가 가속화되는 결과가 나타날 수도 있습니다.

찬성과 반대 **해외 원조**
국민 63.6% "개도국 무상원조 찬성"…반대도 5.8%

찬성 이유
"우리나라도 과거에 지원을 받았기 때문에."(39.8%)
"빈곤 문제 해결에 도움을 주기 위해서."(19.5%)
"국제사회 안정과 평화 공존에 기여한다."(17.1%)
"국제적 이미지 외교에 도움이 된다."(15.3%)
"우리나라 기업의 해외 진출에 도움이 된다."(6.1%)

반대 이유
"원조를 제공할 만큼 우리나라가 부유하지 않다."(37.9%)
"국내 문제 해결이 더 중요하다."(36.2%)
"개발도상국 빈곤 문제 해결에 도움이 되지 않는다."(12.1%)
"우리나라 국익에 별로 도움이 되지 않는다."(10.3%)
－한국국제협력단(KOICA)《㈜기술과 가치 리서치 결과》

한편 대출 형태의 원조에도 문제가 있을 수 있습니다. 원조를 받는 쪽 보다는 주는 쪽의 입김이 셀 수밖에 없기 때문입니다. 대출을 받은 국가는 과다한 부채 상태에 빠져 파산할 수 있습니다. 예컨대 에티오피아는 2006~2015년 중국으로부터 130억 달러의 차관을 받아 철도를 건설했습니다. 하지만 중국은 OECD 가입국이 아니어서 개발원조위원회의 기준이 아닌 중국 자체 기준으로 해외 원조를 제공했습니다. 그 때문에 서구 차관의 이자가 1% 정도에 불과한 데 비해 중국은 3.1%에 이르는 고율의 이자를 에티오피아에 요구할 수 있었습니다. 게다가 철도 공사와 운영 대부분을 중국이 도맡아 하여 에티오피아에 실제로 돌아가는 이익은 거의 없었습니다. 결국 에티오피아는 중국의 차관을 받은 후 경제가 더욱 나빠져 빚더미에 올라앉고 말았습니다.

4장 좋은 음식 먹기

사람들은 흔히 세계 몇몇 개발도상국에서 발견되는 극심한 기아에 충격을 받습니다. 그러면서 주요국의 국민들은 모두 음식을 잘 섭취하고 있을 거라고 믿습니다. 그러나 주요국 역시 식량의 측면에서 양극화가 존재합니다. 영양실조인 사람이 있는가 하면 너무 많이 먹어서 문제가 생긴 사람들도 있습니다. 차이점이라면 주요국에서는 잘 먹지 못해 건강을 잃은 사람보다는 균형 잡힌 식습관을 가지지 못해 아픈 사람들이 더 많다는 점입니다. 한편 전 세계 경제가 발전하면서 개발로 인한 다양한 환경오염 요인이 생태계를 교란해 우리 식량에 해를 입히는 문제가 심각해지고 있습니다. 대표적으로 이웃 나라 일본의 후쿠시마 원전 사고로 방사능에 오염된 농산물의 수입 문제가 있지요.

이번 장에서는 우리가 몸에 좋은 음식을 건강하게 먹기 위해 유의할 점에 대해 알아보도록 하겠습니다.

심을까? 낳을까?

배고픈 사람을 먹여 살려야 하는 문제는 일차적으로 얼마나 많은 식량을 생산해야 하는가 하는 근본적인 질문을 던집니다. 현실에서는 이 질문이 우리에게 주어진 자연환경을 어떻게 사용해야 할지, 다시 말해 땅과 바다에서 무엇을 생산해야 할지를 고민하게 합니다. 예컨대, 지구상에 얼음이 얼지 않는 땅 중 26%는 가축을 기르는 데 사용되고, 11%는 농작물을 키우는 데 사용됩니다. 농경지의 3분의 1에서는 동물 사료용 농작물을 키우고 있습니다. 한정된 땅에서 무엇을 키울 것인가 하는 고민이 왜 중요한 걸까요?

우선 문화적, 윤리적 입장 차이가 있을 수 있습니다. **베지테리언**과 **비건** 같은 채식주의자들은 고기 섭취를 금해야 하는 이유로 매년 수천만 마리의

▌ 공장식 양계장

수평아리가 살처분되는 문제와 같은 윤리적 문제를 제기합니다.

효율적인 땅의 사용이라는 측면에서도 육식 반대의 논거를 더할 수 있습니다. 소를 키우고자 하는 농부는 사료로 사용할 농작물을 기르고 수확한 후 건초로 만들어 목장에 운반해야 합니다. 또 소를 방목하기 위해서는 별도의 목초지가 필요합니다. 우리가 이렇게 힘들게 소를 기르는 가장 큰 이유는 바로 단백질을 얻기 위해서입니다. 하지만 콩은 소보다 훨씬 쉽고 간단하게 얻을 수 있는 단백질 공급원입니다. 소를 키울 때는 콩을 키울 때보다 여덟 배 많은 물이 소요됩니다. 또한, 소에 투여하는 **항생제** 성분은 우리의 소화기관을 거쳐 **먹이사슬**에 들어갑니다. 연구에 따르면 1헥타르의 밭에서 생산된 콩은 1헥타르 목장에서 생산된 소고기보다 22배 많은 단백질을 인류에게 제공합니다. 또 콩은 콩기름처럼 다른 식품 제조를 위한 2차 가공물로도

채식주의자 분류표							
채식주의자의 종류	과일	야채	유제품	난류	생선	가금류	육류
프루테리언 (Fruitarian)	●						
비건 (Vegan)	●	●					
락토 오보 베지테리언 (Lacto-ovo vegetarian)	●	●	●	●			
오보 베지테리언 (Ovo-vegetarian)	●	●		●			
락토 베지테리언 (Lacto vegetarian)	●	●	●				
페스코 베지테리언 (Pesco-vegetarian)	●	●	●	●	●		
폴로 베지테리언 (Pollo-vegetarian)	●	●	●	●	●	●	
플렉시테리언 (Flexitarian)	●	●	●	●	●	●	●

❚ 채식주의자 분류표

활용할 수 있고, 소에서 짠 우유를 대신하는 두유도 만들 수 있습니다.

물론 육식이 주는 맛과 즐거움을 무시할 수는 없습니다. 오늘날 우리는 엄청나게 많은 육류를 소비하고 있습니다. 전통적으로 고기 소비가 적었던 중국과 같은 나라에서조차 육류 소비가 급증하고 있지요.

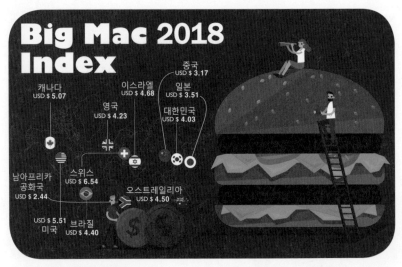

▌ 주요 국가 빅맥 지수

육류 소비의 대명사 하면 떠오르는 것이 바로 맥도날드입니다. 매일 전 세계에서 240만 개의 빅맥이 팔리고 있습니다. 전 세계적으로 빅맥이 너무 많이 팔린 나머지 각국의 생활 수준을 비교하기 위해 해당 국가의 빅맥 가격을 비교하는 '빅맥 지수'를 사용할 정도이지요. 빅맥과 같은 인스턴트 식품에서 레스토랑의 고급요리 사용되는 육류 가운데 특히 소의 소비량은 어마어마합니다. 그런데 여러분은 소가 하는 되새김질이 전 세계 온실가스 배출량을 늘리는 데 일조하고 있다는 사실을 알고 있나요? 전 세계의 가축용 소가 트림을 할 때 발생하는 메탄가스 배출량은 전 세계 온실가스 배출량의 5%를 차지합니다. 실제로 지구온난화의 원인 중 하나로 꼽히는 소의 트림을 줄이기 위해 해초류 사료를 개발해 먹이기도 하고 **임간축산**법을 확산시키려 노력하고 있습니다.

주요 국가의 고기 소비 추세
1인당 연평균 소비량

출처 : UN식량농업기구

▌ 주요 국가의 고기 소비 추세

　식물을 심을지 동물을 기를지 선택하는 건 우리의 몫입니다. 육식과 채식이 윤리적 문제 내지 취향 문제를 넘어 식량 빈곤 문제와 연결되어있다는 사실을 아는 것이 중요합니다. 그 선택권이 집약형 농업과 축산업으로 돈을 버는 대규모 기업들에 있다는 사실도 놓쳐선 안 될 것입니다.

균형 잡힌 식사

다양한 **영양소**가 포함된 신선한 재료로 균형 잡힌 식사를 하면 비타민 알약이나 단백질 셰이크 같은 영양 보조제를 먹지 않아도 건강하고 보기 좋은 몸을 가질 수 있습니다. 어떤 가정에서는 건강한 식사의 중요성을 어릴 때부터 깨닫도록 학교나 주말농장, 혹은 집에서 직접 채소를 기르기도 합니다.

균형 잡힌 식사란 다양한 영양소를 섭취하는 일을 말합니다. 주요 영양소에는 탄수화물, 단백질, 칼슘, 미네랄, 비타민 등이 있습니다. 전분을 포함한 **탄수화물**은 빵, 쌀, 파스타, 감자 등에 들어 있습니다. 전분과 설탕은 분해되어 글루코스 형태가 되며, 몸속에서 우리가 호흡한 산소와 만나 에너지를 공급해 줍니다. 고기, 기름, 유제품에 있는 지방 역시 에너지원입니다. 생선, 달걀, 치즈, 고기에 들어 있는 **단백질**은 체세포를 구성하고 회복시키는 일을 합니다. 그 외에 소화에 도움을 주는 섬유질, 철과 **칼슘** 같은 미네랄, **비타민** 등이 있습니다. 물론 가장 중요한 영양소는 단백질과 탄수화물입니다. 영양실조를 예방하기 위해서는 무엇보다 충분한 양의 단백질과 필요한 만큼의 탄수화물이 공급되어야 합니다.

많은 사람이 **알레르기**가 생겼거나 의료적으로 꼭 필요할 때 제한 **식이**를 실천합니다. 특정 식재료를 선택하여 지속적으로 섭취하는 것이지요. 채식주의자처럼 베지테리언이나 비건식을 선택한 사람이 있고, 종교적인 원칙에 따라 특정 음식을 제한하는 사람이 있습니다. 이런 사람들은 단백질과 당을 대체할 음식을 잘 선택한다면 균형 잡힌 식사를 할 수 있습니다. 그리고 적당한 양을 먹으면서 충분한 운동까지 하면 더욱더 좋겠지요!

설탕, 소금 그리고 MSG

우리는 누구나 신선한 음식과 식자재를 냉장고에 보관하는 걸 좋아합니다. 하지만 단지 맛있어 보여서 혹은 만드는 과정이 귀찮다는 이유로 좀 더 가공된 음식이나 미리 조리된 음식을 좋아하는 사람들도 많습니다. 가끔 피자나 파이를 먹는 것은 괜찮아요. 하지만 정크푸드 위주의 식사나 단 음식을 자주 먹는 건 좋지 않습니다. 왜 그럴까요?

남태평양의 피지섬 원주민들은 과거에 비만을 모르고 살았습니다. 대다수의 사람이 날씬했지요. 그러나 식생활이 서구화되고, 가까운 호주와 뉴질랜드에서 양털을 얻으려 키우던 늙은 양을 도축해 육식을 많이 하게 되면서 원주민의 체형은 점점 변해갔습니다. 지방이 잔뜩 낀 양고기의 기름진 맛 덕분에 원주민 태반이 비만으로 인한 성인병에 노출되었습니다.

우리 몸에는 지방이 필요하지만, **포화지방산**, **경화유**, **트랜스 지방** 같은 특정 지방들은 해로울 수 있습니다. 나쁜 지방은 **콜레스테롤** 수치와 심장 질환의 위험 부담을 높입니다. 기름지고 단 음식에 대한 욕망은 아마 그런 것들을 쉽게 먹지 못하던 시절에 시작되었을 겁니다. 물론 인간은 에너지를 위해 지방과 설탕이 필요합니다.

특히 당분은 탄수화물이나 단백질만큼이나 우리 몸의 에너지 대사에 꼭 필요합니다. 하지만 요즘에는 음식이나 음료에 **액상 과당** 형태로 너무 과하게 들어가 있습니다. 예를 들어, 탄산음료 한 캔에는 13티스푼 분량의 설탕이 들어가 있습니다. 과다한 설탕 섭취는 2형 당뇨병, 비만, 심장 질환을 부추깁니다.

캐나다 40
EU 38
러시아 41
스위스 45
중국 25
미국 33
멕시코 39
한국 22
세계평균
23.7kg
브라질 69
싱가포르 58
호주 48

자료: 국제제당협회, 2012

❚ 국가별 국민 1인당 연간 설탕 소비량(단위:kg)

　과도한 소금 섭취도 문제입니다. 마트에서 판매하는 스낵이나 편의점 음식에는 나트륨이 과하게 들어 있습니다. 과거에는 소금을 자연에서 얻었죠. 바다가 없는 내륙에서는 암염을 가공해 소금을 얻거나, 무역을 통해 바닷가에서 생산한 천일염을 사서 먹었습니다.

　그런데 오늘날 우리가 편의점이나 식당에서 먹는 음식에 들어가는 소금은 대부분 공장에서 생산되는 정제염입니다. 천일염보다 불순물은 적지만 반대로 몸에 좋은 다른 광물질이나 미네랄이 전혀 없고 무엇보다 천일염보다 나트륨 함량이 훨씬 높습니다. 우리 몸에 나트륨이 과다해지면 각종 염증이나 고혈압이 생기기 쉽습니다. 2005년 영국 식품업계는 주요 제품군에서 8년 동안 나트륨을 50%까지 줄이겠다고 약속했죠. 실제로 2011년에는 영국 전역의 나트륨 소비가 15% 줄었는데 뇌졸중과 심장병 원인 사망률 또한 40%나 줄었습니다.

무가당의 진실

우리 주변에는 '무가당'을 강조하는 제품들이 많다. 자칫 설탕을 사용하지 않았다는 말에 천연의 맛을 살린 줄 착각하지만, 사실 무가당 제품에는 단맛을 내기 위해 설탕보다 몇십 배 강한 단맛을 지닌 인공감미료가 들어간다. 공장에서 나온 식품의 맛은 절대 순수하지 않다. 현재 사용되는 비당계 감미료의 대표적인 사례는 다음과 같다.

사카린나트륨
설탕보다 단맛이 300~500배 강하고, 열량이 전혀 없다. 체중 증가나 혈당 증가를 유발하지 않지만, 임산부는 섭취를 자제해야 한다.

아스파탐
아미노산 계열의 감미료로 국내에서는 화인스위트, 그린스위트 등의 제품명으로 시판 중이다. 설탕보다 180배 강한 단맛을 내며 큰 부작용이 없어 안전한 설탕 대용품으로 자리매김 중이다. 아스파탐은 코카콜라에서 내놓은 다이어트 콜라 제품에 처음 사용되면서 알려졌다. 낮은 온도에서 용해가 잘 되므로 청량음료나 아이스크림, 푸딩 등에 사용된다.

수크랄로스
최신의 설탕 대체 감미료로 설탕보다 600배 강한 단맛을 가지고 있으며, 설탕의 구조를 약간 변형 시켜 만들어 맛도 설탕에 제일 가깝다. 열량이 없어 음료, 요구르트, 사탕 등에 사용된다. 몸에서 대사되지 않고 배설되는 특징이 있다.

아세설팜칼륨
설탕보다 단맛이 200배 정도 되지만 열량이 없는 감미료로 가열할 때에도 단맛이 유지된다. 몸에서 대사되지 않고 배설되므로 안전하다. 껌, 잼, 앙금, 아이스크림, 빵, 가공유 등에 다양하게 사용된다.

현대사회는 **비만**의 유혹으로 가득 차 있습니다. 전자레인지에 데워 먹는 식품은 몇 분 안에 식사가 가능할 정도로 요리가 간편합니다. 하지만 그중 일부에는 너무 많은 양의 소금, 지방, 설탕이 함유되어 있습니다. 게다가 어린이들이 즐기는 사탕과 스낵, 젤리에는 알록달록한 색을 내기 위해 **착색제**나 **첨가제** 등 인공 화학 물질까지 추가됩니다.

찬성과 반대 **비만과의 전쟁, 설탕**

"설탕은 당뇨와 비만의 주범으로 몰리는데, 사실 문제는 설탕이 아니라 칼로리 과잉현상이다. ⟨……⟩ 소금은 권장섭취량을 넘었기에 문제가 되지만 설탕은 아직 적정 수준을 소비하고 있는데 미리부터 난리다."

―㈜편한식품정보 최낙언 대표
《Coffee & Tea》 2016년 06월호

"비만은 발병 이전에 예방·관리하는 것이 가장 효과적. 1인 가구 증가에 따른 혼밥·혼술 문화가 유행하고 아동·청소년층을 중심으로 서구식 식생활이 만연되고 있는 상황에서 선제적으로 대책을 마련하고자 '국가 비만 관리 종합 대책'을 확정했다."

―권덕철 보건복지부 차관, 《한경 비즈니스》 2018년 08월호

찬성과 반대   MSG 안전 vs 위험

"MSG(글루탐산모노나트륨)는 우리 몸에 존재하는 가장 흔한 아미노산 성분이다. 독성 측면에서도 소금의 1/7밖에 되지 않는다. 〈……〉 MSG는 우리 몸속의 글루탐산과 완벽하게 똑같은 물질이다. 그런데 만약 글루탐산이 분해된 상태가 유해하다고 주장한다면, 단백질을 분해하여 유리 글루탐산을 증가시킨 시중의 젓갈, 된장, 간장, 치즈 등도 모두 유해물질이다. 이런 음식도 먹지 말아야 하는가? MSG는 순수한 글루탐산과 나트륨의 혼합물일 뿐, 우리 몸에 전혀 해가 없다."

–최낙언㈜ 편한식품정보 대표(서울대학교/대학원 식품공학 전공)

《월간 식당》 2017년 8월호

"MSG를 과다하게 섭취하는 사람은 시력이 손상되거나 실명할 수 있다. MSG에 중독된 사람은 망막에 문제가 생기며, 특히 안구 뒤쪽 벽에 있는 감광세포층이 얇아지면서 시력이 손상되는 현상이 쥐 실험에서 나타났다. 섭취량이 많지 않더라도 수십 년간 계속되면 누적 효과가 나타날 수 있어서 위험하다."

–일본 히로사키 대학 오구로 히로시 박사

영국 런던 무어필즈 안과병원 녹내장 전문의 펭카테우 박사

《건강다이제스트》 2003년 1월

오염된 먹거리

2019년 4월 11일, 대한민국은 일본이 세계무역기구(WTO)에 제소한 후쿠시마산 수산물의 금수 조치에 대한 소송에서 승리했습니다. 대만은 2011년 3월 말부터 후쿠시마 인근 5곳 현의 모든 식품 수입을 막았고, 중국은 2011년 4월부터 후쿠시마 인근 10여 곳 현의 모든 식품과 사료를 수입 금지했지요.

▌ 출입금지 표지를 세운 후쿠시마의 도로

왜 유독 가장 가까운 이웃인 한국에게만 소송을 걸었는지 그들의 속내가 궁금합니다. 하지만 이제 후쿠시마 지역 인근에서 잡힌 수산물이 대한민국의 식탁 위를 넘보는 일은 법적으로 불가능해졌습니다.

2011년 12월 미국국립과학원회보(PNAS)에 따르면 일본 국토의 약 70% 정도가 오염되었다고 합니다. 더욱 걱정되는 것은 앞으로입니다. 구소련의 체

르노빌 원전 사고 때는 원자로 1개가 폭발했지만, 후쿠시마 원전은 원자로 3개와 사용후핵연료가 저장된 수조 2개가 폭발했습니다. 어디까지 피해가 커질지 가늠하기 어렵습니다. 사고 발생 8년이 지난 지금까지 상황은 그리 달라진 게 없어 보입니다. 그런데도 일본은 2020년 도쿄 올림픽을 앞둔 상황에서 최근 원전의 방사능 오염수 100만 톤을 바다로 배출하겠다고 하여 국제사회의 우려를 사고 있습니다. 최근 그린피스는 후쿠시마 원전 사고 8주년을 맞아 2018년 10월부터 후쿠시마 현지에서 과학적이고 종합적인 조사를 벌였고, 2019년에 보고서를 제출했습니다. 결론부터 말하자면 "후쿠시마 방사능의 제거 효과는 없다"라는 것입니다.

일본 정부는 자국민과 한국을 비롯한 인근 국가 국민의 건강 피해 및 인권 침해를 도외시하고 있습니다. 여전히 후쿠시마 원전에서는 '응급상황'에 준하는 수준의 방사능 오염이 관측되며, 피해 해제 지역이라고 선포된 곳 역시 오염은 여전합니다. 심지어 해당 지역의 방사선 준위는 국제 권고 최대치보다 5~100배까지 높습니다. 글로벌 시대를 살아가는 우리의 식탁에는 국경이 따로 없습니다. 더군다나 우리나라는 일본과 가장 가까이 이웃한 나라입니다. 일본의 방사능 유출에 따른 오염된 먹거리 문제에 어떻게 대처해야 할까요?

후쿠시마 원전 사고가 발생한 직후 한국의 대형 마트 수산물 판매대에서 동·남해안의 주요 어종인 명태, 고등어, 갈치의 매출이 대폭 감소했습니다. 한때 한국 내 수입 맥주 1위였던 아사히 맥주의 경우 맥주병 밑면에 'H'가 적혀 있으면 후쿠시마 공장에서 생산된 것이라는 정보가 새삼 회자되었습니다.

하지만 방사능 공포에 대한 우려와 경계는 일시적으로 그쳐서는 안 됩니다. 실제로 최근 대형 마트나 인터넷 쇼핑몰에서 후쿠시마산 라면이나 완제품이 등장하는 등 먹거리 안전에 구멍이 뚫린 사례가 간혹 발견되고 있습니다. 지난 2014~2015년 후쿠시마 인근 여덟 곳 현에서 어획된 노가리 400여 톤(시가 7억 원 상당)을 수입금지구역이 아닌 홋카이도 지역에서 어획된 것처럼 허위 생산지 증명서를 발급받아 수입한 수산업자가 있었습니다. 이들이 경찰에 검거되었을 때 노가리는 이미 모두 대형 마트 등을 통해 소비된 후였죠.

한편 수산물 검열만 철저히 한다고 방사능의 위험으로부터 먹거리가 안전해지는 것은 아닙니다. 과거 한국은 후쿠시마와 그 인근 지역에서 **엽채류**, **엽경류**, 순무, 죽순, 버섯류, 매실, 차, 유자, 밤 등을 주로 수입했습니다. 따라서 농산물 역시 해당 지역으로부터 기존 수입 품목이 몰래 한국으로 들어오지 않는지 철저히 검역해야 할 것입니다.

마지막으로 식품첨가물에서도 방사능 오염 여부를 따져봐야 합니다. 후쿠시마산 라면을 안 먹으면 다른 한국산 라면 첨가물은 안전할까요? 각종 식품 첨가물은 도대체 어디에서 온 건가요? 한국 내 규정에는 단순히 외국산이라고만 표기된 경우가 많습니다. 소비자의 철저한 식품 안전의식이 중요하겠지만, 규제 방식 역시 더욱 세분되어야 합니다.

건강을 지키는 현명한 소비

수백 가지의 먹거리를 손쉽게 사 먹을 수 있는 세상에서 우리는 무한한 선택의 자유를 가졌다는 착각에 빠지기 쉽습니다. 소비자는 브랜드와 디자인, 가격에 민감합니다. 대형 마트는 다양한 브랜드와 온갖 디자인의 포장

❚ 대형 마트에서 쉽게 접하는 초대형 피자

음식을 구비하고 소비자를 유혹합니다. 마트에서 최저가로 파는 엄청난 양의 통닭과 피자를 한번 맛보면 동네에서 질 좋은 재료로 만든 치킨과 수제 피자를 좀처럼 사 먹을 생각이 들지 않습니다.

이제 현명한 소비자가 주목해야 할 것은 브랜드나 디자인이 아닙니다. 우리의 건강한 식생활을 지키기 위해서는 스스로 현명한 소비자가 되어야 합

니다. 브랜드가 아니라 음식 포장에 적힌 제조 성분까지 들여다보고 꼼꼼한 판단을 할 수 있어야 합니다.

좋아하는 가공식품의 성분표를 자세히 들여다본 적 있나요? 아마 깜짝 놀랄 겁니다. 성분표에 적힌 온갖 화학물질 목록이 과학실험실 리스트를 뺨칠 정도거든요. 우리가 먹는 음식에는 다양한 화학 첨가물이 포함되어 있습니다. **보존제**, 색소, 향료 등은 영양상으로 그 가치가 없거나 미미합니다. 100% 해롭거나 이미 사용 금지된 물질이 많습니다. 이 부정적 이미지를 감추기 위해 다양한 브랜드의 가공식품, 스낵, 사탕, 음료수는 알록달록 눈길을 끄는 포장을 하고 있습니다. 그래야 복잡한 대형 마트의 선반에서 눈에 띌 테니까요. 정제 탄수화물과 설탕, 몸에 해로운 화학 첨가물이 가득한 음식을 왜 피해야 할까요? 단순히 저렴한 가격을 피하고 골목상권을 살리기 위한 소비만이 현명한 소비가 아닙니다. 제일 중요한 것은 우리의 건강 아닌가요? 현대 사회에서 교통사고나 암보다 더 무서운 것은 비만으로 인해 각종 질병에 걸리기 쉬워지는 우리의 잘못된 식습관입니다. 비만은 주요국에서 더 흔한 문제입니다. 6~19세 사이 젊은 미국인의 1/3이 과체중이나 비만 등급을 받았습니다. 특히 고도비만 환자는 **체질량 지수(BMI)**가 30 이

체질량 지수	비만 구분
18 미만	저체중
18~22.9	정상
23~24.9	과체중
25~29.9	비만(1형 비만)
30~34.9	고도비만(2형 비만)
35 이상	초고도비만(3형 비만)

▌체질량 지수 구분 단계

$$체질량\ 지수 = \frac{몸무게(kg)}{키(m)^2}$$

▌체질량 지수 계산 공식

상인 사람들을 말하는데, 최근 대한민국에서도 고도비만 환자가 증가하고 있습니다.

비만의 원인에는 질병이나 유전적 영향, 과도한 식사량과 몸에 좋지 않은 식품 섭취 등이 주로 꼽힙니다. 그런데 음식 산업이나 정부의 정책, 경제 상황 변화 때문에 건강하지 못한 음식이 싸게, 건강한 음식이 비싸게 팔린 결과 비만이 생길 수도 있습니다.

예를 들어 볼까요? 1997년 IMF 금융위기의 여파로 명예퇴직이나 권고사직을 당한 퇴직자들은 자본만 있으면 창업이 손쉬운 프랜차이즈 업종에 너나 할 것 없이 뛰어들었습니다. 오늘날 대한민국을 치킨, 피자, 편의점 왕국으로 만든 한국 프랜차이즈 산업의 확장기는 대한민국 최고의 경제 위기 때였습니다. 각종 외식 업체가 싸게, 더 싸게 경쟁적으로 패스트푸드를 공급하면서 외식 산업은 폭발적인 성장을 거듭했습니다.

하지만 이 소규모 외식사업자들이 형성해 놓은 생태계에 새로운 포식자가 등장합니다. 바로 대기업이 세운 대형 마트죠. 영세한 외식업자들이 겨우 형성한 치킨과 피자 시장의 생태계에 뛰어든 대형 마트는 무시무시한 발톱을 드러냅니다. 그 발톱은 바로 건강하지 못한 음식을 더욱더 싸게, 대량으로 공급하는 초대형 음식 마케팅이었습니다.

초대형 음식 마케팅은 사회적 비만의 한 요인입니다. 앞서 잠시 살펴본 것처럼 대한민국의 대형 마트에서는 "통 큰 치킨, 통 큰 피자" 등의 마케팅이 이루어지고 있습니다. 이런 마케팅은 1960년대 말 미국 영화관 팝콘 박스에서 시작됐습니다. 극장에서 영화를 보고 밖으로 나왔을 때 쓰레기통에 먹다 남은 팝콘 통과 음료수통이 한가득 쌓여 있는 광경은 지금까지 이어지고 있습니다. 초대형 음식에 익숙해져 무심코 먹다 보면 자기도 모르게 과식을 하고 위가 늘어나 먹는 양이 점점 많아집니다. 활동량이 적은 현대인에게 잉여 에너지는 고스란히 신체 각 기관과 피하 조직에 지방으로 축적되어 성인병의 원인이 됩니다.

건강을 해치는 먹거리로부터 우리를 보호하는 방법에는 무엇이 있을까요? 우선 아이들이 먹는 학교 급식에 건강한 재료가 사용되고 있는지 확인해 볼 수 있습니다. 대형 마트 식품 판매대에서 파는 초대형 식품을 퇴출하는 운동에 참여해 볼 수도 있습니다. 현명한 소비는 자신의 건강을 지키려는 행동에서 시작됩니다. 주는 대로 먹고 파는 대로 사기만 한다면 바뀌는 것은 아무것도 없을 것입니다. 하지만 소비자만의 행동만으로는 한계가 있습니다.

최후의 보루

우리가 뭘 먹든 그건 우리 책임일까요? 기본적이고 개인적인 권리로 봐야 할까요? 아니면 정부가 건강에 좋지 못한 음식에 세금을 부과하는 등 법안을 만들어 우리의 식생활에 개입하고 제한하는 게 맞을까요?

50㎖짜리 탄산음료에는 3g짜리 각설탕 18개 분량인 54g의 당이 함유돼 있습니다. 과도한 설탕 섭취는 비만 등 성인병의 원인이 됩니다. 그래서 세계보건기구는 설탕을 넣은 음료수에 세금 부과를 권고하고 있습니다.

2014년 멕시코는 설탕 음료에 10%의 설탕세를 부과했고, 미국의 필라델피아, 샌프란시스코, 오클랜드 등 대도시도 설탕세 도입을 추진했습니다. 특히 2017년 포르투갈 정부는 실제로 코카콜라 한 캔당 5.5유로-센트씩 가격

▌ 250㎖ 콜라 한 캔 = 각설탕 90개

을 인상했습니다. 이렇게 거둬진 8천만 유로는 공중 보건 서비스에 투입되었습니다. 이런 변화 때문에 코카콜라는 최근 탄산음료를 벗어나 차와 생수, 커피 등 다양한 음료를 생산하는 기업으로 탈바꿈하고 있습니다. 정부가 세금으로 시장에 개입해 기업을 변화시키고 국민 건강을 개선한 사례입니다.

하지만 개인의 식생활에 대한 정부의 개입에 대해 국민들 사이에 찬반이 있습니다. 정부의 개입에 반대하는 사람들은 정부가 개개인의 삶에 시시콜콜 참견하면서 이래라저래라한다는 뜻에서 '유모 같은 정부'라고 불평합니다. 물론 식량 산업은 많은 사람을 고용하고 경제에 큰 영향을 끼칩니다. 과한 세금과 규제로 그들의 기업활동을 함부로 방해해서는 안 됩니다.

애초에 대중이 원하기 때문에 그런 제품을 파는 것 아닐까요? 설탕이 들어 있는 음료에 세금을 부과하는 건 옳은 일일까요? 탄산음료를 잘 마시지 않는 사람도 있는데 그들은 왜 세금을 내야 하는 걸까요? 식단 균형은 개인의 자유 의지에 따라 선택할 문제가 아닌가요? 과연 정부가 우리에게 무엇을 먹어야 하는지 정해 주는 것은 올바른 것일까요?

자본주의 사회에서 정부가 시장에 아무런 개입을 하지 않는다면 무엇을 먹을지 선택할 수 있는 자유가 확장되는 것이 아니라 오히려 축소될 수 있습니다. 정부에 **로비**하는 돈 많고 힘센 식량 기업의 손에 의해 우리 식단이 결정되기 때문입니다. 미국의 아이는 어릴 때부터 오레오 쿠키에 찍힌 거대 식품 기업 몬델레즈의 광고를 보며 자랍니다. 야구장에서는 타이슨 푸드 기업이 공장형 축산으로 생산한 치킨을 먹습니다.

러시아 정부는 2019년 10월부터 식품 포장 라벨링 등으로 '신호등' 체계의 색상 표시 표준을 제공할 예정입니다. 러시아의 영양 및 생명공학 연구센터에 따르면 패키지의 색상 표시는 소비자에게 식품의 설탕, 소금 및 지방 등 영양 관련 정보를 제공합니다. 소금, 설탕, 지방 함량에 따라 빨간색, 노란색, 녹색으로 표시하는 것이지요.

이처럼 국민을 더 건강하게 만드는 건 정부가 마땅히 해야 할 일입니다. 건강에 나쁜 음식은 의료 서비스와 질병 관리 비용을 어마어마하게 증가시킵니다. 국가가 개입하지 않으면 기업은 소비자를 쉽게 농락할 수 있습니다. 깨알 같은 글씨로 적혀 있는 성분표시, 아무리 읽어봐도 이해하기 어려운 유전자조작 표시처럼 말이지요. 미국의 유전자조작 옥수수나 콩을 들여와 식품을 만들어도 그저 '외국산'이라고 표기하면 끝입니다. 후쿠시마의 방사능 쌀을 제삼국인 라오스나 베트남에서 과자로 만들어 한국으로 수입하면 국민들은 그것이 라오스나 베트남 쌀로 만든 과자인 줄 알고 속을 수밖에 없습니다. 그래서 국가 개입이 필요합니다. 출처를 알 수 없는 먹거리를 만들어

내는 기업을 통제하고 국민의 건강을 지켜줄 마지막 보루는 바로 국가입니다.

간추려 보기

설탕은
- 에너지를 내기 위해 필요합니다.
- 아주 적은 양만 먹어야 합니다.
- 이를 썩게 하고 과체중을 유발합니다.

대용량 음식은
- 과식과 낭비를 부추깁니다.
- 싸고 양이 많은 만큼 건강에 좋지 않습니다.

식품첨가물과 MSG는
- 가급적 소량만 섭취하는 것이 바람직합니다.
- 더욱 꼼꼼히 규제하지 않으면 방사능 오염 차단의 빈틈을 뚫고 우리 식생활에 들어올 수 있습니다.
- 결국 국민 식생활 건강에서 최후의 보루는 국가이며 보건 당국의 막중한 책임감이 요구됩니다.

이 책의 최종 목적은 식량 안보를 지키기 위한 방법을 찾는 것입니다. 식량 안보에는 식품 안전성 확보를 비롯해 인류가 안정적으로 식량을 공급받을 방안을 모색하는 문제가 포함됩니다. 2,000년 전의 세계 인구는 약 1억 정도로 추정됩니다. 1900년에는 약 16억 명, 2019년 현재는 70억을 돌파했습니다. 인류의 숫자는 가파르게 증가했지만, 과거와 달리 우리는 스스로 농사를 짓지 않으면서도 식량 공급에 문제가 없는 생활을 영위하고 있습니다.

현 식량 문제의 핵심은 불평등한 분배구조입니다. 다수는 현대사회의 식량 공급 패턴 범주에 운 좋게 들어와 혜택을 받지만, 그렇지 못한 소수가 있습니다. 소수를 무시하고 소수의 문제에 눈감는다면 인류의 발전은 지속할 수 없습니다. 마지막 장에서는 모든 사람이 충분히 먹을 수 있는 아이디어를 구현하려는 전 인류적 노력에 대해 살펴보겠습니다.

다시 한번, 평화

UN식량농업기구는 1996, 2002, 2006년 세 차례에 걸쳐 식량 안보를 위한 국가 정상 회의를 열었습니다. 회의에서 정의된 '식량 안보'라는 말의 뜻은 다음과 같습니다. '모든 사람이 어느 때라도 활동적이고 건강한 삶을 위해서, 필요한 영양소와 식품 기호를 충족하는 충분하고 안전하며 영양가 있는 음식에 물리적, 경제적으로 접근할 수 있는 것'. 세계의 지도자들은 2030년을 '기아 퇴치'의 목표 기한으로 정했습니다. 2009년에는 G8 정상회의에서 세계 식량 안보에 관한 '라퀼라 식량 안보 공동성명서'도 발표했습니다.

인류의 식량 안보 계획은 과연 가능할까요? 2030년에 전 세계 인구는 90억 명에 달할 것으로 예상됩니다. 늘어나는 인구와 기후변화 같은 전 지구적 문제를 생각했을 때, 2030년까지 기아를 퇴치한다는 건 아주 원대한 꿈입니다. 식량 안보는 막대한 국제적 노력이 있어야만 가능한 것이니까요. 다행히 UN의 세계 식량 계획을 통해 그 어느 때보다 믿을만한 국가 간 협력이 가능해졌습니다. 하지만 여기에는 세계 평화라는 전제 조건이 절실합니다.

뉴스를 보면 식량 안보를 위협하는 사건이 종종 보도됩니다. 전 세계적으로 충돌과 전쟁이 끊이지 않고 있습니다. 싸움을 하는 사람들은 상대와 협상하기 위해 식량 공급을 끊는 방법을 사용합니다. 스마트폰 없이는 살 수 있지만 식량이 없이는 살 수 없습니다. 전쟁과 공습은 시민들의 밥줄을 끊어 놓습니다. 논과 밭은 지뢰와 집속탄으로 가득 차서 사용 불가능한 상태가 됩니다. 수백만 명의 사람들은 자기 집을 떠나 도망쳐야 합니다.

우리는 앞서 4장에서 세계의 다양한 지역에서 일어나고 있는 정치적 격변과 난민의 발생이 식량 공급에 어떤 영향을 미치는지 살펴보았습니다. UN

▌ 수루크의 터키-시리아 국경을 걸어 코바니에서 탈출한 시리아 난민들.
2014년 5월 19일 터키 샨르우르파

과 많은 단체에서는 국가 간, 집단 간 갈등을 막고 배고픈 사람들을 돕기 위해 최선을 다하고 있습니다. 세계의 지도자들은 기억해야 합니다. 식량 안보를 위한 필수 요건은 바로 정치적 '평화'입니다.

식량의 미래

매년 10월 16일은 세계 식량의 날입니다. 1945년 캐나다에서 UN 식량농업 기구가 설립된 것을 기념하는 날이지요. 이날에는 전 세계 기아에 대한 의식을 높이고 기금을 마련하기 위한 캠페인이 곳곳에서 펼쳐집니다. 2016년 세계 식량의 날 슬로건은 "기후가 변하고 있다. 식량과 농업도 변해야 한다." 였습니다.

구체적으로 어떻게 변해야 하는 걸까요? 인류의 음식 역사는 수천 수만 가지의 요리를 개발하며 발전해왔습니다. 불을 피우는 방법을 몰랐던 선사 시대에는 땅에 떨어진 과일과 곡물을 섭취하여 생존했습니다. 하지만 4장에서 살펴본 것처럼 인간은 여러 가지 영양소를 골고루 섭취해야만 건강을 유지할 수 있습니다. 우리 몸에 필수적인 단백질의 공급원은 식물만으로 부족합니다. 콩과의 식물도 좋은 단백질 공급원이 될 수 있지만, 인류의 음식 역사는 불을 사용해 고기를 익혀 먹음으로써 오늘날과 같은 발전을 이룰 수 있었습니다.

하지만 우리가 앞선 장들에서 살펴보았듯이 지금처럼 무제한적으로 육류를 소비하는 문명이 지속된다면 각종 질병과 비만, 지구온난화처럼 전방위적인 위협이 가속화될 것입니다. 그렇다고 모든 사람이 채식을 할 수도 없습니다. 그런데 우리에게 양질의 단백질을 줄 수 있는 자원은 동물이나 식물에만 있지 않습니다. UN식량농업기구는 2013년에 기하급수적으로 늘어나는 인류의 다음 세대 먹거리로 몇 가지를 들었습니다. 곤충은 그중 하나입니다.

▌ 곤충 요리

UN 식량농업기구에서는 곤충을 '인류의 훌륭한 영양공급원', '작은 가축'이라고 설명합니다. 쇠고기 1kg을 얻기 위해서는 대략 1만 5,400ℓ의 물과 엄청난 양의 곡물이 필요합니다. 하지만 같은 양의 단백질을 얻기 위해 식용곤충을 사육하는 경우 3,700ℓ의 물과 약간의 사료만으로도 충분합니다. **온실가스**인 메탄가스 배출량은 소를 키울 때의 80분의 1에 불과하지요.

UN 식량농업기구는 중국의 경우 이미 3,000년 전부터 곤충을 식용했다고 발표한 바 있습니다. 구약성서에는 메뚜기를 먹는 식습관이 기록되어 있기도 하지요. 최근에는 곤충 식품(시리얼, 머핀, 쿠키, 에너지바)이나 곤충 음료, 고소애(갈색거저리 유충)에서 추출한 레토르트 수프 등이 개발되어 실제로 팔리고 있습니다.

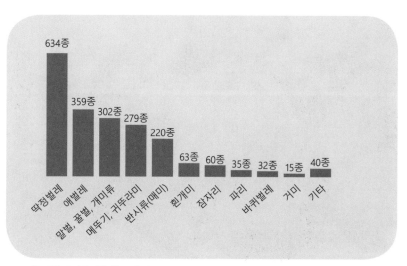

▌ 곤충 요리에 사용되는 곤충의 종류

미생물 단백질 역시 주목받고 있는 차세대 먹거리입니다. 그동안 단백질 가루는 보디빌더가 섭취하는 식품 정도로 알려져 있었습니다. 하지만 미래에는 더욱 보편적으로 소비될 전망입니다. 미생물 단백질은 효모, 박테리아, 유익한 곰팡이, **조류**(藻類) 등을 번식시켜 건조한 미생물의 사체입니다. 아미노산이 풍부하고 **비타민** B, 핵산, 생리활성 **펩타이드** 및 식이섬유가 풍부하지요. 특히 세계보건기구에서는 조류의 일종인 스피룰리나를 미래 식량으로 선정했는데요. 스피룰리나 역시 곧 미생물 단백질의 일종입니다.

한편 식물 기반의 대체육은 미국에서 가장 활성화된 미래 식품입니다. 콩, 버섯, 호박 등에서 추출한 식물 단백질을 사용해 고기 육즙까지 재현하는 '비욘드 미트(Beyond Meat)', 햄프턴 크리크(Hampton Creek)가 개발한 인공 계란 파우더 '비욘드 에그(Beyond Eggs)', 식물의 헤모글로빈을 추출해 식물성

▌ 스피룰리나는 인간과 다른 동물들에 의해 소비될 수 있는 푸른 녹조류를 총칭한다.

고기를 생산하는 '임파서블 푸드' 등이 있습니다.

줄기세포 등을 활용한 세포 배양육도 있습니다. 동물 줄기세포를 근육 조직으로 분화시켜 고기를 배양하는 '멤피스 미트'가 대표적이지요. 미국의 **스타트업 기업** 멤피스 미트는 지난 2017년 3월에 세포배양을 통해 인공 닭고기와 오리고기를 만드는 데에 성공했습니다.

모스크바와 뉴욕의 노숙인, 아프리카 말리에서 염소를 키우는 사람, 인도 콜카

▌인공 계란 파우더로 만든 햄프턴 크리크의 마요네즈

▌세포배양육

타의 어린이, 베트남의 가난한 농부 모두에게 먹을 게 충분한 날이 온다면, 세계 식량의 날은 정말 축하할만한 날이 될 수 있지 않을까요?

음식에 대한 권리

인권이란 행복하고 건강하며 공평한 삶을 살기 위한 필수조건입니다. 인권은 누구나 누리는 권리라고 생각하기 쉽습니다. 그런데 우리는 지구상에 많은 사람이 굶주리고 있다는 사실을 종종 지나쳐 버리곤 합니다. 힘 있는 기업, 독재 정부, 부패한 공무원은 개개인의 인권에 더더욱 관심이 없습니다.

그래서 식량 위기라는 말은 멀게만 느껴집니다. 식량 안보라는 말은 다른 나라의 이야기처럼 들립니다. 하지만 식량 안보는 인권의 문제입니다.

생존을 위해 누구나 질 좋고 몸에 좋은 적당량의 음식을 쉽게 섭취할 수

전문가 의견

"〈……〉 기아로부터 해방되는 것은 모든 이들의 기본권이다. 기술적, 과학적 지식을 충분히 활용하고, 영양 원리에 대한 지식을 보급하며, 천연자원의 가장 효율적인 개발과 활용을 도모함으로써 농경 제도를 발전 또는 개혁하여 식품의 생산, 보존, 유통 방법을 개선해야 한다. 〈……〉 필요에 따른 세계 식량 공급의 공평한 분배를 이뤄내야 한다."

— 1966년 UN에 의해 채택된
《경제적 · 사회적 및 문화적 권리에 관한 국제규약》 중에서

있어야 합니다. 우리는 이 책을 통해 비단 가난하고 열악한 환경에서 사는 사람들뿐만 아니라 먹을 것이 풍족한 환경에 사는 우리에게도 먹거리의 안전이 위협당할 수 있는 가능성에 대해 살펴보았습니다. 거대 식량 자본과 독점 기업들이 식량의 가격을 조절하게 됐을 때 우리의 식탁이 비어버릴 수도 있다는 경고의 목소리를 들어보았습니다. 그리고 이러한 문제점들에 맞서 어떤 고민이 필요하고 행동을 해야 하는지 이야기해 보았습니다. 우리가 다니는 학교, 장을 보러 가는 마트, 외식하는 음식점같이 우리와 가까운 곳에서부터 식량 안보를 위한 행동을 실천해 볼 수 있습니다.

자, 그럼 이제 똑똑하게 먹어볼까요?

간추려 보기

- UN은 2030년까지 세계 기아 문제 퇴치를 꿈꾸고 있습니다.
- 식량 안보에는 정치적 안정이 우선되어야 합니다.
- 주요국에서는 미래에 대비한 식량 생산 환경과 배양육, 곤충, 대체육, 조류(藻類) 등 새로운 먹거리 연구가 활발합니다.
- 식량은 생존의 기본이며 인권 보호의 본질입니다.

용어 설명

경화유 음식에 사용되는 기름으로 해로운 포화 지방을 줄이기 위해 수소를 첨가한 것.

공정 무역 주요국과 개발도상국 간의 무역. 개발도상국이 커피콩 같은 현지 농작물을 팔면 주요국에서 공정한 가격에 사오는 것.

관개 농작물을 키우기 위해 농작지에 물을 공급하는 것.

기업식 농업 경제적 이윤을 위해 체계화된 구조로 상품 작물을 재배하여 판매하는 것.

기후변화 지구 기후의 큰 변화. 석탄이나 석유, 천연가스 같은 화석연료 사용이 기후변화의 원인으로 지목된다.

단백질 고기, 생선, 견과류, 달걀 등에 있는 물질로 신체의 성장과 재생에 필수적이다.

담수화 물에서 소금을 없애는 일. 바닷물에서 소금기를 제거하기 위해서는 다양한 공정이 필요하다.

동물 복지 동물에 대한 자상하고 정당한 대우.

로비 이해관계가 얽힌 문제를 해결하기 위해 정부나 국회의원 등 권력자를 만나 협상하는 것.

말라리아 말라리아 병원충을 가진 모기에 물려서 감염되는 전염병. 갑자기 고열이 나며 설사와 구토ㆍ발작을 일으키고 비장이 부으면서 빈혈 증상을 보인다.

먹이 사슬 약육강식의 논리에 따라 자연의 생명체들이 이루고 있는 위계 질서.

목초지 농장 동물, 특히 소와 양을 풀어 키우기에 적합한 풀밭.

베지테리언 채식주의자.

보존제 음식물이 썩는 것을 방지하기 위해 넣는 성분.

비건 고기는 물론 우유, 달걀을 먹지 않는 엄격한 채식주의자.

비료 땅의 생식력을 높이기 위해 경작지에 뿌리는 화학 물질이나 자연 물질.

비만 건강하지 못하게 살이 쪘거나 체중이 과한 상태. 비만은 심장 질환이나 당뇨 같은 심각한 건강 문제를 일으킬 수 있다.

비타민 대부분 동물의 영양에 필수적인 유기질. 예를 들어 오렌지 같은 감귤류에 들어 있는 비타민C는 인체 세포와 조직을 건강하게 유지시킨다.

살충제 농작물이나 농장 동물에게 해로운 생물이나 곤충을 죽이기 위해 사용되는 화학물질.

생물다양성 한 지역에 얼마나 많은 종류의 생명체들이 살고 있는지를 표현하는 개념.

수경재배 생장에 필요한 양분을 녹인 배양액만으로 식물을 기르는 일.

수분 꽃이나 식물에 꽃가루를 묻혀 수정이 가능하게 하는 것.

스타트업 기업 좋은 아이디어를 바탕으로 투자를 받아 설립한 혁신 기업.

스텝 러시아와 아시아의 중위도에 위치한 온대 초원 지대. 건조한 계절에는 불모지, 강우 계절에는 푸른 들로 변한다.

식량 빈곤 건강한 음식을 살 형편이 안 되거나, 건강한 음식을 구하기 힘든 지역에 살아서 영양가 있는 음식을 먹지 못하는 상태.

식이 한 사람, 지역 또는 동물이 일반적으로 먹는 음식의 종류.

알레르기 특정 물질에 대한 신체의 비정상적인 반응.

액상 과당 옥수수 전분으로 만드는 감미료로 매우 싸고 살이 찌기 쉽다. 정크 푸드에 종종 쓰인다.

엽경류 줄기나 잎을 모두 먹을 수 있는 종류의 채소.

엽채류 잎사귀만 먹을 수 있는 종류의 채소.

영양소 생명 유지와 성장을 위해 필수적인 성분으로 음식 안에 있는 것.

온실가스 메탄과 이산화탄소가 대표적인 온실가스의 사례이다. 태양 에너지가 지구 대기 밖으로 빠져나가지 못하게 가두어두는 결과를 초래한다.

윤리적 개인의 양심과 사회적으로 합의된 규칙에 맞게 생각하고 행동하는 것.

이윤 사업의 수입이 지출을 초과하는 양.

이주 노동자 일자리를 찾아서 다른 나라에서 온 사람.

임간축산 평탄한 목초지가 아니라 자연의 숲속에서 소를 기르는 것.

자유 무역 정부의 개입이나 제한없이 민간이 자유롭게 무역하는 것.

조류 원생생물계에 속하는 진핵생물군. 대부분 광합성 색소를 가지고 독립영양 생활을 하며 포자에 의해 번식한다.

주식 밥이나 빵처럼 생존을 위해 반드시 먹어야 하고 사람들이 가장 많이 먹는 음식.

증류법 열을 가하여 액체를 증발시켜 원하는 물질만 남게 하는 방법.

집약 농업 생산성을 높이기 위해 일정 면적의 토지에 자본과 노동력을 과하게 투입하는 것. 심하면 토양의 질이 떨어져 생산성이 오히려 감소할 수 있다.

착색제 식품을 더 보기 좋게 하기 위해 첨가하는 색소나 화학약품.

첨가제 음식의 보존이나 맛 개선을 위해 넣은 성분. 자연적으로 존재하는 성분이 아니다.

체질량 지수 키와 몸무게를 이용하여 지방의 양을 추정하는 비만 측정법. 몸무게를 키의 제곱으로 나눈 값이다.

칼슘 건강한 치아와 뼈를 위해 필요한 미네랄 물질.

콜레스테롤 식품에 들어 있고 간에서도 만들어지는 끈적한 지방 화합물. 너무 많은 콜레스테롤은 동맥경화를 일으킬 수 있다.

탄수화물 식단에서 가장 주요한 에너지원으로 당류나 녹말 등이 있다.

트랜스 지방 액체 상태의 식물성 기름을 가공식품 제조에 사용할 때 생기는 지방산. 과자, 빵, 튀김 종류에 많이 들어가며 콜레스테롤 수치를 높여 심장병 등 혈관질환의 원인이 된다.

펩타이드 단백질을 구성하는 아미노산은 아미노기($-NH_2$)와 카르복실기($-COOH$)로 이루어져 있다. 이 두 구성단위가 반복 결합해 아미노산이 이어진 것을 펩티드라고 한다.

포화 지방 버터처럼 실온에서 고체 상태인 지방. 과한 포화 지방 섭취는 건강에 좋지 않다.

항생제 유해 미생물의 확산을 막는 약. 농장의 동물들은 질병으로부터 보호받기 위해 항생제를 투여 받을 수 있다.

환금작물 농부나 그 지역사회가 소비할 목적으로 키우는 게 아니라 상업적인 목적으로 키우는 농작물.

DNA(디옥시리보핵산) 유전자라는 기본 단위를 통해 한 세대에서 다음 세대로 유전 형질을 전달하는 분자.

더 알아보기

식품 의약 안전처 (https://www.mfds.go.kr/index.do)
우리나라 식품 전반의 안전과 위생에 대한 정보를 제공하고 국민과 소통하는 창구이다. 특히 식약처에서 제공하는 웹진 '열린 마루'가 일반 국민에게 많은 도움이 된다.

칼로리 계산기 (http://kcal.soseyo.com/)
오늘 먹은 음식, 운동 칼로리, 일일 권장 칼로리 등을 계산해 건강한 식생활과 다이어트를 실천할 수 있도록 도와준다.

농산물 유통정보 (https://www.kamis.or.kr/customer/main/main.do)
국내 및 해외 농수산물의 유통 실태를 알려 주며 가격 정보를 제공해 알뜰한 장보기를 가능하게 해준다. 특히 식재료 아카이브는 재료별로 효능과 제대로 고르는 법을 알려주어 도움이 된다.

KOREAPDS (http://www.koreapds.com/aranea/kp_main/)
국제 곡물 가격을 비롯한 원자재 시장의 가격 정보를 알려준다. 국제 거래의 대상이 되는 우유, 커피, 팜유, 대두 등 식자재의 가격 추세를 알 수 있다.

국립 수산물 품질 관리원(http://www.nfqs.go.kr/2013/)
원산지 표시 위반 공표와 방사능 검사 현황을 제공해 안전한 수산물을 먹을 수 있도록 도와준다. '우리 수산물 구분'이라는 정보지를 간행하여 외국 수산물과 구분할 수 있는 방법을 자세하게 알려준다.

음식물 쓰레기 줄이기(https://www.zero-foodwaste.or.kr/user/index.do)
음식물 쓰레기를 줄이는 알뜰 살림 노하우 및 생활 속 101가지 실천 방법을 제공한다. 특히 그린 레시피는 조리법을 몰라 버려지는 음식 재료를 활용하는 법을 가르쳐 준다.

유엔세계식량계획 페이스북(https://www.facebook.com/WFPKorea)
국제적 식량 원조 및 인도주의 활동의 생생한 상황을 전해 들을 수 있다.

참고할 만한 자료

국제보고서

2019 FOOD SECURITY AND NUTRITION IN THE WORLD | FAO, UN | 2019.

UNHCR GLOBAL REPORT 2018 연례보고서 | 유엔난민기구 | 2018.

On the Frontline of the Fukushima Nuclear Accident: Workers and ChildrenRadiation risks
and human rights violations | GREENPEACE | 2019.

국내논문

강윤숙(2019) | 국내 유전자변형식품 안전성 심사 규정 및 승인 현황 | 식품과학과 산업 52 |
한국식품과학회.

김용택(2008) | 일본의 해외농업개발 | 세계농업 제100호 | 한국농촌경제연구원.

남수경(2017) | 라운드업 소송 과정에서 폭로된 몬산토의 기만적인 수법 | 의료와사회 8 | 도
서출판 사회와의료.

박병상(2009) | 침묵의 내일을 예고하는 꿀벌 | Environment & Life | 환경과생명.

박성우(2016) | 글로벌 분배적 정의의 관점에서 본 해외원조의 윤리적 토대 | 평화연구 24 |
고려대학교 평화와민주주의연구소.

서용구·한경동 | 대형 마트 출점이 주변 상권에 미치는 영향—공간계량경제모형을 이용한 서울시 상권분석 | 유통연구 20 | 한국유통학회.

윤병선(2008) | 식량주권의 관점에서 본 국제곡물가격 급등의 시사점 | 한국사회학회 사회학대회 논문집 | 한국사회학회.

윤병선(2017) | 유기농 3.0과 대안농식품운동 | 산업경제연구30호 | 한국산업경제학회.

임채운·안광훈(2007) | 유통업체의 사후 납품가 인하 행위의 선행요인과 결과요인—대형 마트를 중심으로 | 한국유통학회 학술대회발표논문집 | 한국유통학회.

전성원(2010) | 사무엘 제머리—바나나공화국의 과거사 청산과 세계 최대의 과일기업 치키타 | 인물과사상 | 인물과사상사.

최주연(2012) | 기원전 1세기 도시 로마의 곡물 문제와 정치—클로디우스 곡물법을 중심으로 | 서양고대사연구 30 | 한국서양고대역사문화학회.

홍완수(2015) | 할랄 식품 산업과 할랄 인증 | 식품과학과 산업 48 | 한국식품과학회.

저서

윤병선(2015)/농업과 먹거리의 정치경제학/울력

찾아보기

내인생의책 은 한 권의 책을 만들 때마다
우리 아이들이 나중에 자라 이 책이 '내 인생의 책'이라고 말할 수 있는 책을 만들고자 합니다.

세상에 대하여 우리가 더 잘 알아야 할 교양

⑦⑥ 식량 안보 국가가 다 해결할 수 있을까?

필립 스틸 지음 | 윤영 옮김 | 윤병선 감수

초판 인쇄일 2019년 10월 21일 | 초판 발행일 2019년 11월 4일
펴낸이 조기룡 | 펴낸곳 내인생의책 | 등록번호 제10-2315호
주소 서울시 성동구 연무장5가길 7 현대테라스타워 E동 1403호
전화 02) 335-0449, 335-0445(편집) | 팩스 02) 6499-1165
편집 전재진 이창호 | 디자인 황경실 | 마케팅 한하람

ISBN 979-11-5723-555-1 (44300)
     979-11-5723-416-5 (세트)

이 도서의 국립중앙도서관 출판예정도서목록(CIP)은 서지정보유통지원시스템 홈페이지(http://seoji.nl.go.kr)와
국가자료종합목록 구축시스템(http://kolis-net.nl.go.kr)에서 이용하실 수 있습니다.(CIP제어번호 : 2019035474)

내인생의책에서는 참신한 발상, 따뜻한 시선을 가진 원고를 기다리고 있습니다.
원고는 나무의 목숨값에 해당하는 가치를 지녔으면 합니다.
원고는 내인생의책 전자우편이나 홈페이지를 이용해 보내 주세요.

전자 우편 bookinmylife@naver.com | **홈페이지** http://bookinmylife.com

어린이제품 안전 특별법에 의한 제품 표시
제조자명 내인생의책 | **제조 연월** 2019년 11월 | **제조국** 대한민국 | **사용연령** 5세 이상 어린이 제품
주소 및 연락처 서울시 성동구 연무장5가길 7 현대테라스타워 E동 1403호 02) 335-0449